Margarita Azad

Reise nach Kurdistan
Abenteuer und Glück

Mauer Verlag
Wilfried Kriese
72108 Rottenburg a/N
Buchgestaltung: Wilfried Kriese
Titelbild: Privat
2014
ISBN 978-3-86812-329-6

www.mauerverlag.de

Inhalt

VORWORT

Als ich 1995 Karim kennenlernte, einen aus dem Iran stammenden Kurden, wusste ich noch nicht, dass daraus eine bis heute währende enge Freundschaft entstehen würde, und ich wusste auch nicht viel über die Kurden.
Auch ahnte ich noch nicht, dass mich mein Weg bis nach Kurdistan führen würde, wo ich wundervolle Wochen verbringen sollte, aufgenommen im Kreis mir herzlich zugetaner Menschen, die mich vorbehaltlos und mit erstaunlicher Toleranz annahmen.
Auch in der Folgezeit begegnete ich immer wieder Kurden, die zu Freunden wurden.
Alle diese Freundschaften sind gekennzeichnet von herzlicher Offenheit, Hilfsbereitschaft und Großmütigkeit.
Ich begann mich über die Kurden zu informieren, über ihre Geschichte und ihre gegenwärtige Situation, um ihre Eigenarten besser verstehen zu können.
Einiges will ich meiner Reiseerzählung in Kürze voranstellen, um dem Leser ein besseres Verständnis der geschilderten Erlebnisse zu ermöglichen.
In meinem Buch spreche ich von Kurdistan. Doch wo liegt das eigentlich? Und wer sind die Kurden?
Die Kurden haben eine sehr alte Geschichte und verfügen über eine eigenständige Jahrtausende alte Kultur. Sie sind heute eines der ältesten Völker des Mittleren Ostens.
Die Kurden haben ein zusammenhängendes Verbreitungsgebiet. Sie leben im Grenzbereich von Türkei, Irak und Iran sowie in Nord-Syrien und in einigen Staaten der

ehemaligen Sowjetunion. Knapp die Hälfte findet man im Osten der Türkei, ein Drittel im Nordwesten des Iran und ein Viertel im Irak. Daneben leben Kurden in der Diaspora, vor allem in Europa (rd.1/2 Million allein in Deutschland) und den USA. Weltweit bezeichnen sich 25-30 Millionen Menschen als Kurden. Die Kurden zeichnen sich aus durch eine eigene (iranische)Sprache, ausgeprägte Traditionen, spezielle Kleidung, Musik und Kultur.

75-80% der Kurden sind sunnitische Muslime. Daneben finden sich Reste der Lehren des Zarathustra. Man begegnet ihnen bei den Yeziden, einer religiösen Minderheit in Kurdistan.

Ein Staat namens Kurdistan besteht bis heute nicht, obwohl das Streben der Kurden nach Freiheit und Unabhängigkeit weit in die Geschichte zurückreicht. Immer wieder mussten die Kurden erleben, dass eine vielversprechende Lage sich plötzlich verkehrte, oft auch durch eigenes Verschulden oder das ihrer Führer. Die Kurden scheiterten immer wieder an der Schwierigkeit, ihren Kampf geschlossen zu führen. 1639 wurde Kurdistan zum ersten Mal zwischen dem persischen und dem osmanischen Reich aufgeteilt.

Diese Grenzziehung ist weitgehend identisch mit der heutigen türkisch-iranischen Staatsgrenze.

Im19. Jahrhundert gibt es eine Reihe von kurdischen Aufständen, die den Beginn der kurdischen Nationalbewegung kennzeichnen. Sie versagen aufgrund der feuda-

len Struktur ihrer Führung, die politische Einheit verhindert.
1923 wird das Land der Kurden im Vertrag von Lausanne zwischen der Türkei, dem französischen Mandat Syrien, dem englischen Mandat Irak und Iran aufgeteilt.

In der Türkei leugnen die neuen Machthaber seit 1924 per Verfassung die Existenz einer kurdischen Nation und erklären sie zu "Bergtürken".
Den Kurden wurde durch das Verbot ihrer Sprache, den Vereinigungen, Schulen, religiösen Orden und Publikationen eine eigene ethnische Identität abgesprochen und sie zur Nicht- Existenz verurteilt. Aber trotzdem haben die Kurden ihre Sprache erhalten und sie ist bis heute lebendig geblieben.
Seit den 80er Jahren kämpft die separatistische Guerilla PKK mit Waffengewalt für die Rechte der Kurden. 1999 wird der Führer der PKK, Abdullah Öcalan, in Afrika entführt und in der Türkei vor Gericht gestellt. Nachdem die EU gegen das Todesurteil gegen Öcalan protestiert, wird das Strafmaß in lebenslange Isolationshaft umgewandelt.
Über 40.000 Menschen kamen ums Leben, die meisten davon kurdische Zivilisten. Hunderttausende wurden aus ihren Dörfern vertrieben und verloren ihre Heimat.
Seit 1991 gesteht die Türkei den Kurden wieder größere Rechte zu, vor allem den offiziellen Gebrauch ihrer Sprache.

Die Kämpfe zwischen türkischen Truppen und der PKK, die für einen unabhängigen Staat im Südosten der Türkei kämpft, verschärften sich allerdings.
Ab Mai 1993 verstärkte die türkische Armee Einsätze gegen die PKK.

Auch im Irak kam es zu kriegerischen Auseinandersetzungen wegen Autonomiebestrebungen (v.a. 1961-1970).
Sie griffen auch auf Syrien, Iran und die Türkei über.
Nach Beendigung das 2.Golfkrieges (1991) flüchteten hunderttausende Kurden vor den Repressalien Saddam Husseins in die Berge Kurdistans sowie in die benachbarte Türkei und in den Iran. Einer der Höhepunkte des Krieges Saddam Husseins gegen die Kurden ist der Chemiewaffen-Angriff auf Halabja im Jahr 1989, bei dem 5000 Menschen ihr Leben verlieren. Auch viele kleine Dörfer sind von dem Genozid betroffen.
Viele Dörfer im Grenzgebiet werden im Rahmen der Anfal-Kampagne vernichtet und die getöteten Kurden in Massengräber geworfen.
Unter internationalem Druck wird im Nord –Irak eine Schutzzone für die kurdische Bevölkerung eingerichtet. Das Kurdische Regionalparlament ruft im Oktober 1992 ein Bundesland Kurdistan als Teil eines föderativen Irak aus.

Auch im Iran gelang es den Kurden trotz gemeinsamer Sprache, Geschichte und Kultur nicht, einen eigenen

Staat zu errichten. Im Nordwest-Iran erstarkte während des 2.Weltkrieges unter sowjetischer Besatzung (1941-1946) die kurdische Nationalbewegung.

Am 22. Januar 1946 wird von Kasim Mohammed die Kurdische Republik von Mahabad ausgerufen. Sie hatte 11 Monate Bestand. Am 16. Dezember 1946 wurde die Kurdische Republik von den Iranern überfallen und blutig niedergeschlagen. Kasim Mohammed wird mit zwei weiteren Männern erhängt, obwohl man ihm Straffreiheit zugesagt hatte. Der ehemalige Kriegsminister General Mustafa Barzani flüchtete trotz der Kriegswirren zu Fuß über den Grenzfluss Araz bis nach Moskau. Viele Mitglieder seiner Familie kamen dabei ums Leben. Die alte demokratische Partei von Kasim Mohammed bleibt im Exil bestehen. 1967 bis 68 fängt sie an, im Iran zu kämpfen.

Erst in den 80 iger Jahren entstand eine bedeutende kurdische Widerstandsbewegung im Iran. Bereits 1977 erfolgten erste Aktionen in Kurdistan, angeführt von der kurdischen Untergrundorganisation Komala. Die Kurden forderten "Demokratie für Iran, Autonomie für Kurdistan". Im August 1979 ruft Khomeini den heiligen Krieg gegen die Kurden aus.

Ayatollah Chalchali, ein Stellvertreter Khomeinis, läßt viele junge Kurden ohne Gerichtsverhandlung umbringen. Selbst in den Krankenhäusern werden Menschen getötet. Imam Hassani ist für Angriffe auf die Dörfer Kalatan, Karna, Inderkasch, Sofian und viele andere verantwortlich. Die Menschen werden in einem Genozid ermordet. Alle kurdischen Parteien werden verboten. Viele Kurden gehen in die Berge und müssen sich bewaffnen, um zu überleben.

Auch mein Freund Karim musste 1979, als das Regime in Kurdistan angegriffen hat, wie die meisten Kurden seine Stadt Mahabad verlassen. Er verbrachte die Jahre bis 1984 in Dörfern im Grenzgebiet von Irak und Türkei.
1984 entschied er sich, nach Europa zu gehen und ist über die Türkei nach Deutschland gekommen, wo er 1985 Asyl beantragt hat.
Er hat wie viele Kurden seine geliebte Heimat nicht freiwillig verlassen, sondern er musste gehen, um am Leben zu bleiben.
Dieses kleine Vorwort mag einen kleinen Einblick geben in das Schicksal der Kurden.
Nun lassen Sie uns eintauchen in einen kleinen Ausschnitt aus dem Leben in Kurdistan.
Quellen:

- Meyers großes Handlexikon, 19.Auflage 1998
- Kurdische Geschichte im Überblick; Hg Memo Arikan,
- Yvonne Klos ; GNN Verlag ISBN 3-926922-28-1
- Meine Frauen –WG Im Irak; Susanne Fischer; Malik-Verlag ISBN-10:3-89029-325-5
- Stern Nr.45 v. 03.11.2011
- Kurdistan-Ein Land in Geiselhaft; Hannelore Kuechler; 2011 erschienen im Eigenverlag; ISBN 9-783000-288005

ANREISE

Vor gut sechs Wochen bin ich aus dem Iran zurückgekommen.Nur zwei Wochen war ich unterwegs, wie jedes Mal nach einer solchen Reise fiel es mir schwer, mich wieder im deutschen Alltag zurechtzufinden.
Zu meiner zweiten Reise in den Iran hatte ich mich relativ kurzfristig entschlossen, nachdem mein Chef die Betriebsferien seines Unternehmens bekannt gegeben hatte.
Eigentlich wäre ich lieber wieder im Spätsommer gereist, da der Hochsommer in Kurdistan sehr heiß ist. Doch ich wollte mein knappes Zeitfenster nutzen und "meine "Familie wiedersehen, bei der ich vor sechs Jahren so glücklich gewesen war.
Nicht alle meine Freunde reagierten positiv auf meine Reisepläne. "Hast Du es Dir auch gut überlegt? "fragte mich eine gute Freundin. Zu groß ist die Verunsicherung der Menschen in einer Zeit, die durch den Begriff der" Achse des Bösen" geprägt ist und in der Atomstreit, Selbstmord- Attentäter und Entführungen zur Tagesordnung gehören.
Auch meine Eltern meinten; "Fahre überall hin, nur nicht in den Iran ". Sie wünschten mir stattdessen eine "normale Reise auf eine schöne Insel". Doch letztlich ließen sie mich gewähren, hatten sie doch schon eine geplante Reise in die kurdische Autonomieregion des Irak verhindert und dadurch den Familienfrieden erschüttert.
Schnell musste ich mich um mein Ticket kümmern und

vor allem das erforderliche Visum für die Einreise in den Iran besorgen. Den Flug buchte ich bereits, obwohl ich noch kein Visum im Reisepass hatte. Auch die Gastgeschenke waren schnell gekauft und füllten fast eine ganze Reisetasche. Meine kümmerlichen Sprachkenntnisse im Farsi, der persischen Sprache, frischte ich mittels Sprachführer etwas auf, denn Englisch wird im Iran wenig gesprochen.

Ungeduldig wartete ich auf mein Visum. Würde es auch diesmal wieder klappen? Mir war nach meiner ersten Reise in den Iran zu Ohren gekommen, dass nach meiner Abreise von staatlicher Seite nach mir gefragt worden war, nach dem Grund meines Besuchs, nach der Verständigung usw. Diese Tatsache bereitete mir etwas Sorgen. War ich bei meinem ersten Besuch etwa irgendwie unangenehm aufgefallen, gab es eine Akte über mich? Endlich, drei Tage vor dem Flugtermin, kam Post aus Hamburg mit meinem Reisepass, in dem sich das ersehnte Visum befand. Ich wischte alle Bedenken zur Seite und war nun fest entschlossen zu reisen.

Der Iran, zumindest mein Reiseziel Kurdistan im Nordwesten des Landes, ist heute dank einer neuen Fluglinie der Türkisch Airlines schnell und bequem zu erreichen.

Hannover-Istanbul-Täbris in sieben Stunden, davon zwei Stunden Aufenthalt auf dem wunderschönen Flughafen Istanbul. Ich bummelte dort ein wenig und nutzte die Gelegenheit, Kaffee zu trinken und zu rauchen. Mitten in der Nacht landete ich in Täbris.

Noch im Flugzeug hatte ich der iranischen Kleiderordnung entsprechend meinen schwarzen, knielangen Baumwoll- Mantel geschlossen und ein Kopftuch umgelegt. Ansonsten waren diesmal keine Formalitäten zu erledigen. Unruhe erfüllte mich. Wer würde mich diesmal abholen? Würden wir uns nach sechs Jahren wiedererkennen? Doch zunächst musste ich durch die Passkontrolle. Der Beamte musterte lange meinen Pass und mich im Wechsel, tippte so einiges in seinen Computer und reichte mir endlich meinen Pass. Ich wartete, bis ich mein Gepäck vom Rollband in Empfang nehmen konnte, dann folgte die Zollkontrolle. Der Zollbedienstete hielt mich prompt an und sagte "open", auf meine Reisetasche zeigend. Etwas umständlich öffnete ich die Tasche, in der sich vor allem die Gastgeschenke befanden, und antwortete mit einem kurzen "Cadeau", Geschenke. Der Mann war jedoch neugierig und wollte auch noch wissen, was sich in den Plastiktüten darunter befand. Spontan fiel mir das persische Wort "Kafsch", Schuhe, ein und da war das Eis gebrochen. Ganz beglückt wurde ich gefragt, ob ich Farsi spräche und ich antwortete "man kami Farsi baladam", ich spreche ein wenig Farsi. Das war eine leichte Übertreibung, aber ich durfte gehen. Endlich erreichte ich an einem weiteren Kontrollposten vorbei das Freie und erkannte sofort, hinter einer Absperrung stehend, Salim, meinen Gastgeber. Er lächelte strahlend, als er mich sah. Neben ihm stand eine junge Frau, die ich nicht einordnen konnte. Ich begrüßte beide herzlich, und die junge Frau stellte sich als Kujestan vor, die jüngere Tochter Salims. Aus dem Mädchen war in sechs Jahren eine

junge Frau geworden, ich hätte sie nicht wieder erkannt; Sofort wurde mir mein Gepäck abgenommen, und wir eilten zu einem Auto, das uns nach Mahabad, dem Ziel meiner Reise, bringen sollte. Wir fuhren durch das dunkle Täbris, eine große Stadt, und fanden nach einigem Hin und Her die Straße nach Mahabad. Die Fahrt dauerte länger als erwartet,immerhin beträgt die Entfernung 250 km. Wir brauchten etwa 3 Stunden. Trotz meiner Reise übernacht war ich hellwach im Gegensatz zu Kujestan, die neben mir schlief. Zu aufgeregt war ich, nun endlich Mahabad, die kurdische Hauptstadt des Iran wiederzusehen und vor allem “meine” liebe Familie. Nachdem wir losgefahren waren, hatte ich mich gebührend und meinen Sprachkenntnissen entsprechend für die Einladung bedankt.
Sonst sprachen wir während der Fahrt nicht viel. Auch Salim fiel bisweilen der Kopf auf die Brust. Ich hingegen genoss die Landschaft am Beginn des Tages, wir fuhren dem Sonnenaufgang entgegen, des Anfangs eines Hochsommertages im Iran.
Gegen 7 Uhr erreichten wir Mahabad, die schöne, von Bergen umsäumte Stadt, fuhren durch die baumumstandenen Straßen, über mehrere großzügig angelegte Kreisel, und stoppten schließlich vor Salim`s Haus. Die Familie war doch nicht umgezogen, wir waren in der gleichen Straße, vor dem gleichen rosa gestrichenen Metalltor wir vor 6 Jahren.
Nachdem wir ausgestiegen waren, wollte ich gerne die Fahrtkosten übernehmen, denn es war doch eine recht

weite Fahrt gewesen, und mit dem Benzin gab es derzeit Probleme im Iran, wie ich nach und nach erfahren sollte.

Doch mein Ansinnen wurde energisch abgewehrt, und meine mangelnden Sprachkenntnisse verhinderten jeden Widerspruch. So landete ich kurzerhand erst einmal samt meinem Gepäck in der Salim's Haus angegliederten Wohnung seiner Mutter und seiner Schwester, die dort gemeinsam wohnen. Auch Chadidscha und Zeynab nahmen mich sofort in ihre Arme und bedeuteten mir, ich könne erst mal schlafen. Ich war nach der langen Reise nun wirklich glücklich, mich hinlegen zu können.

DER ERSTE TAG

Kaum hatte ich mich auf meinem Lager ausgestreckt, wurde ich auch wieder geweckt.„Margrit“, sagte eine vertraute Stimme, ich rappelte mich hoch und stand vor Shirin, Salim s Frau. Auch sie war mir sofort vertraut. Wir umarmten uns freudig. Ich wurde aufgefordert, zum Frühstück mitzukommen, das Salim mir ja bereits versprochen hatte. Auch mein Gepäck nahmen wir mit, ich sollte also doch, wie beim letzten Mal, bei Shirin schlafen. Meine Sachen wurden ins Haus gebracht, dann erwartete mich in der über den Hof gelegenen Küche bereits das Frühstück. Wie in Kurdistan üblich, war alles auf einem Wachstuch auf dem Boden ausgebreitet, „nan „, das hauchdünne iranische Brot, “Panir“, Käse, „Mast“, Joghurt, Butter und selbstgemachte Marmelade. Der Samowar, der in keinem iranischen Haushalt fehlt, kochte bereits und es gab „Chai“, starken schwarzen Tee. Gott sei Dank liebe ich Tee, denn ich sollte noch viel Tee trinken in den kommenden zwei Wochen. Zur Verwunderung aller trinke ich Tee ohne Zucker. Diese Angewohnheit war immer wieder Anlass zu heftigem Widerspruch. Doch ich blieb dabei, “Chai bidun shekar“.

Im Iran wird „Ghand“, der Würfelzucker, nicht in den Tee gerührt, sondern zwischen die Zähne genommen und der Tee darüber getrunken. Doch ich konnte mich mit dieser Art des Teetrinkens nicht anfreunden und trinke außerdem auch in Deutschland meinen Tee ohne Zucker. Ich aß nur wenig, hatte ich doch auf den zwei Abschnitten meiner Flugreise auch zwei warme Mahlzeiten bekommen. Ganz allgemein bin ich kein großer Esser, was im Iran nicht unbedingt von Vorteil ist, denn dort spielen die gemeinsamen Mahlzeiten eine große Rolle und es wird ausgiebig gegessen.

Natürlich vergaß ich nicht die Schmackhaftigkeit der angebotenen Speisen zu loben, "hame tschiz cheyli chozmaze". Nach dem Frühstück erinnerte sich dann Shirin an meine Angewohnheit zu rauchen. „Margrit, zigar", fragte sie. Ich nickte, nicht ohne mich zu vergewissern, "edjaze daram zigar bekescham ", darf ich rauchen? Sofort wurde mir ein Aschenbecher bereitgestellt und ich genoss die ersten Züge seit Istanbul. Im Auto hatte niemand geraucht, und ich hatte auch nicht meine sorgfältig auswendig gelernte Frage gestellt, wusste ich doch, dass einem in diesem wunderbaren Land kaum eine Bitte abgeschlagen wurde. Aber gestört hätte es vielleicht doch, und ich wollte nicht unhöflich sein, und die mir gewährte Gastfreundschaft missbrauchen. Nach dem Frühstück war es dann endlich soweit. Ich durfte mich schlafen legen. "Bechab", sagte Shirin und führte mich ins Wohnhaus, ins zweite der beiden geräumigen Zimmer im Erdgeschoss.

Die Wohnräume werden nur ohne Schuhe betreten, sind mit wunderschönen Teppichen ausgelegt und kaum möbliert. Mit einem dicken Kopfkissen ausgerüstet, streckte ich mich auf dem Boden aus. Kujestan schlief schon tief, sie war von der nächtlichen Fahrt nach Täbris sehr erschöpft. Es tat gut auszuruhen, fest schlafen konnte ich jedoch immer noch nicht. Zu glücklich war ich, wieder hier zu sein bei lieben Menschen und in seltsam vertrauter Umgebung. Vor dem Mittagessen wurde mir dann eine Dusche angeboten. Ich nahm dies gerne wahr und genoss es, wohlig warmes Wasser über meinem Körper fließen zu lassen und mich anschließend frisch anzuziehen. „Nahar", das Mittagessen, welches in Kurdistan eine große Rolle spielt, gab es bei Chadidsch und Zeynab. Dort war im Wohnzimmer eine Reihe von Frauen versammelt. Auch Mapera und Sarah waren anwesend, ebenfalls Gäste aus Europa, jedoch im Gegensatz zu mir mit der Familie verwandt.

Nach einer gebührenden Begrüßung wurde ich von allen nach dem Befinden von Karim gefragt. Karim, der Bruder von Salim, lebt in den Niederlanden im Exil. Ich bin seit vielen Jahren mit ihm und seiner Familie befreundet. Karim ist in seiner Familie hochangesehen. Meiner Freundschaft mit Karim verdanke ich mein Ansehen in seiner Familie im Iran. Deshalb war ich ein gerne gesehener Gast und von allen respektiert. Dies erklärte mir Sarah auf Englisch, und ich verstand so einiges. Immerhin war ich eigentlich eine Fremde, und ich spreche und verstehe die kurdische Sprache nicht, was ich im Verlauf dieser Reise, mehr als beim ersten Mal, noch oft bedauern sollte.

Das Essen war, wie hier üblich, üppig, viel zu viel für meinen kleinen europäischen Magen, aber sehr, "chozmazze". Es gab ,"dokleu", eine warme Joghurtsuppe mit vielen Kräutern, dann ,"Koresht", eine Art Gulasch

mit dem speziell zubereiteten, lockeren und körnigen "brinj", Reis, der ebenso wie das iranische Brot bei kaum einer Mahlzeit fehlen darf. Und dann standen da noch die "Sabzichordan", frische, duftende Kräuter, die ohne Dressing zum Essen gereicht werden. Heute wurden zur Feier des Tages Softdrinks gereicht, normalerweise gibt es häufig Eiswasser oder "dugh", ein Joghurt- Getränk, zum Essen. Wie üblich spielte sich wieder alles auf dem Fußboden ab, und es fehlte nicht am Lob für die Köchinnen. Mein ,"daste xoch be" (ein wunderbarer kurdischer Begriff, der Anerkennung zum Ausdruck bringt) wurde beantwortet mit ,"nuschejan",guten Appetit.
Nach dem Essen wurde abgeräumt, das Wachstuch peinlichst genau gesäubert und Brotreste sorgfältig eingesammelt. Alle machten es sich an den Wandpolstern bequem und es wurde der obligatorische "Chai" serviert. Es wurde geplaudert, vor allem natürlich kurdisch, aber ich hatte ja noch meine Ansprechpartnerinnen Mapera und Sarah, mit denen ich mich besser verständigen konnte, mit Sarah Englisch, mit Mapera in einem niederländisch- deutschen Mix, was ganz gut funktionierte. Frauen verabschiedeten sich, neue kamen hinzu, jedes Mal erhoben wir uns alle höflich und ich nahm immer erst wieder Platz, wenn ich die kurdische Aufforderung "danischa", setz dich, hörte. Ich war bemüht, mich an die üblich Sitten anzupassen und nicht unangenehm aufzufallen. Irgendwann löste sich die Gesellschaft auf und ich ging zurück ins Haupthaus. Zuvor hatte ich mich noch mit Mapera und Sarah zu einem Besuch im Bazar, dem Zentrum Mahabads, verabredet.

Am frühen Abend, wenn es nicht mehr ganz so heiß war, wollten wir bummeln gehen.
Gegen 18 Uhr holten Mapera und Sarah mich ab. Ich tauschte meinen Rock, den ich zuhause trug, gegen eine schwarze Hose und zog meinen „Manteau", den schwarzen Baumwollmantel, darüber sowie mein Kopftuch um. Dann konnte es losgehen. In der Nähe des Hauses gibt es einen kleinen Taxistand, von dort nahmen wir ein Taxi ins nicht allzu weit entfernte Stadtzentrum. Meist stellt man sich im Iran jedoch einfach an den Straßenrand und versucht, ein vorbeifahrendes Taxi anzuhalten, was meistens ziemlich schnell gelingt. Nach circa fünf Minuten hielten wir schon im Zentrum der Stadt und stürzten uns ins Gewühl des Bazars. Direkt neben den baumbestandenen Hauptstraßen, die auch alle von kleinen Geschäften gesäumt sind, gibt es ein Gewirr von kleinen Gassen, die nicht für Autos befahrbar sind, da sie von Treppenstufen unterbrochen werden. Zum Teil sind sie überdacht, und ein Geschäft reiht sich ans andere. „Willst Du auch etwas kaufen? ," wurde ich gefragt. „Nein, ich will mich erst einmal umschauen." antwortete ich. Ich hatte noch kein Geld getauscht und wollte einfach nur die Atmosphäre der Stadt auf mich wirken lassen. Gedanken darüber, was ich an Geschenken mit nach Deutschland nehmen wollte, mochte ich mir jetzt, gerade erst angekommen, noch nicht machen. und ich sollte auch noch genug Gelegenheiten zum Einkaufen bekommen. Die beiden Frauen wollten nach Stoffen schauen, den wunderschönen Stoffen für kurdische Festtagskleider. Die Fülle der in allen Farben

schimmernden und glitzernden Stoffe berauschte mich. Es gibt viele Stoffläden in Mahabad, und sie werden gut besucht. Da die Iranerinnen meist in kleinen Gruppen zum Einkaufen gehen, sind die kleinen Geschäfte schnell überfüllt. Trotzdem findet sich in den meisten Läden eine Sitzgelegenheit, und ich wurde oft aufgefordert, Platz zu nehmen.

In einem der Läden sprach der Inhaber Englisch. Er begrüßte mich sehr freundlich und interessiert und wir kamen ins Gespräch. So erfuhr ich, dass nicht alle diese Stoffe aus dem Iran stammten, wie ich bisher angenommen hatte. Der freundliche Herr erzählte von seinen Geschäftsreisen in andere Länder wie Dubai und China, und er verglich diese Länder auch mit dem Iran. Dabei wurde klar, dass er sich der Schwierigkeiten seines Landes durchaus bewusst war. Er sprach von wirtschaftlichen und finanziellen Problemen des Landes, von Arbeitslosigkeit und anderem. In einem anderen Geschäft fragte ich meine Begleiterinnen nach den Preisen der Stoffe, und sie sagten mir, dass der Preis für ein komplettes Kleid etwa bei 65,- Euro läge, was im Iran keine unbeträchtliche Summe ist. Und doch trugen die Damen bei den Hochzeiten und der Verlobungsfeier, die ich noch erleben sollte, jedes Mal andere Kleider. Nach etwa zwei Stunden fuhren wir wieder nachhause, wo schon das Abendessen auf uns wartete. Es wurde wieder warm serviert, und wir saßen im Freien im Hof. Der Abend war nach der Hitze des Tages wunderschön. Jetzt war auch Kauzar anwesend, die ältere Tochter Salims. Vor sechs Jahren war sie

in Kujestan s Alter gewesen, und sie hatte sich damals rührend um mich gekümmert. Auch sie habe ich kaum wiedererkannt. Inzwischen ist sie eine verheiratete Frau und war hochschwanger. Sie trug jetzt statt Hosen und T-Shirt ein Kaftan -ähnliches Kleid, die Haare etwa kinnlang geschnitten und modisch blond gesträhnt.
Vejzar, der Sohn der Familie, gesellte sich mit seinen Freunden zur Tafel. Auch er war erwachsen geworden und ich erfuhr, dass bereits am Montag seine Verlobungsfeier stattfinden würde, ein großes Fest mit vielen Gästen, auf das sich alle freuten. Vejzar besitzt ein kleines Auto, und die jungen Männer bewegte nur ein Thema: das Benzinproblem des Landes. An meinem ersten Abend im Iran begriff ich nur so viel, dass Benzin nicht frei verfügbar und zudem sehr teuer war. Es wurde mir klar, dass Ausflüge mit dem Auto schwierig werden könnten. Trotzdem zweifelte ich keinen Moment daran. dass mein Aufenthalt auch dieses Mal spannend und interessant werden würde. Vor allem wollte ich mit ´´meiner´´ Familie zusammen sein, die ich vor sechs Jahren so sehr schätzen und lieben gelernt hatte. Wir saßen nach dem Essen noch lange bei vielen Tassen "Chai" zusammen, und ich war schließlich froh, als ich gefragt wurde "chaste hasti" bist Du müde?. Daraufhin wurde ich ins Haus geführt. Im zweiten der geräumigen Wohnräume hatte Kujestan bereits mit den Frauen die "Betten" gemacht, d.h. bequeme Matratzenlager hergerichtet. Salims Schlafplatz war im ersten Zimmer vor dem Fernseher, Vejzar schlief in einem Raum im Untergeschoß des Hauses in einem richtigen Bett.

Ich entschloss mich, mein langes Nachthemd anzuziehen, während sich die anderen Frauen mehr oder weniger bekleidet zur Ruhe legten. Wir wünschten uns eine gute Nacht “schab be cheyr“, das Licht wurde gelöscht. Ich fühlte mich angekommen und geborgen, aber auch erschöpft von den so vertrauten und doch wieder neuen Eindrücken. Ein langer Tag war zu Ende und ich schlief bald ein.

KURDISCHE HOCHZEIT

Gegen 8 Uhr am nächsten Morgen erwachte ich. Ich hatte tief, fest und traumlos geschlafen, wie eigentlich immer in Kurdistan. Shirin hatte ihr Nachtlager bereits verlassen, ich hatte es nicht gehört. Sie stand immer als erste auf und ging zuletzt schlafen; sie ist eine sehr fleißige Frau. Obwohl ich in Deutschland jede Gelegenheit nutze, um lange auszuschlafen, stand ich hier gerne auf. Nach einer Katzenwäsche kleidete ich mich an und ging über den Hof zur Küche. Das Wetter war wie jeden Tag hochsommerlich, die Sonne strahlte bereits vom tiefblauen Himmel. In der Küche war schon das Frühstück gerichtet und der "chai" kochte im Samowar. Salim wartete auch schon auf mich, er steht ebenfalls früh auf. Ich naschte ein wenig von den Köstlichkeiten, hielt mich in Erwartung des üppigen Mittagessen jedoch zurück, trank„chai„ und rauchte meine erste Zigarette. Ich sprach Salim darauf an, dass ich Geld tauschen wollte, und er erklärte sich sofort bereit, dass für mich zu erledigen. Ich vertraute ihm 200 Euro an, ohne mir so recht im Klaren zu sein, wie viel Geld das im Iran war. Ich sollte später Probleme bekommen, alles auszugeben. Shirin fing nach dem Frühstück wie jeden Tag schon mit den Vorbereitungen für das Mittagessen an, vorher war sie kurz einkaufen und mit mehreren Tüten voll frischer, duftender Kräuter zurückgekommen. Auch Salim kam bald darauf zurück und überreichte mir 2,5 Millionen Rial in großen Scheinen. Ich war darauf gefasst gewesen, wieder ein

ganzes Bündel kleiner Scheine in die Hand zu bekommen, und war zunächst angenehm überrascht über die Übersichtlichkeit des Geldes. Salim erklärte mir auch den Wechselkurs des Geldes, 1Euro waren im August 2007 1.250 Tuman. Der Umgang mit der Währung ist im Iran gewöhnungsbedürftig, denn die Währung ist in Rial gedruckt, während die Preise in Tuman angegeben werden. 10 Rial entsprechen jeweils einem Tuman.
Wie bei meinem ersten Besuch im Iran fand ich das Bezahlen und Umrechnen in den ersten Tagen recht schwierig. Am Abend war die Familie zu einer Hochzeit eingeladen, und ich sollte natürlich mitkommen. Deshalb wurde ich gefragt, ob ich denn mein "libase kurdi", mein kurdisches Kleid, dabei hätte. Ich hatte mir ein solches Kleid vor sechs Jahren schneidern lassen, und ich hatte es mitgebracht, obwohl es ziemlich voluminös im Gepäck war. Zu einem kurdischen Kleid gehören außer dem bodenlangen Überkleid ein„ shalvar„ eine Pluderhose, eine lange Schärpe, die um die Hüften geschlungen wird und ein Schultertuch mit langen Zipfeln. Für festliche Anlässe wurden dafür feine Spitzenstoffe verwendet, und auch die Mode hatte sich verändert, wie ich noch feststellen sollte.
Doch vor allem wegen der morgen stattfindenden Verlobungsfeier waren schon alle ausgelassener Stimmung, kurdische Musik spielte den ganzen Tag im Hof und es wurde auch schon mal ein bisschen getanzt. Ich wollte nicht nur Gast sein und fragte Shirin, ob ich helfen könne. Tatsächlich war sie für kleine Handreichungen dank-

bar, und da ich kurdische Haushalte auch aus Europa und der Türkei kenne, verstand ich auch, was zu tun war, trotz meiner sprachlichen Unzulänglichkeit. Das Mittagessen war heute eher schlicht, aber trotzdem üppig. Natürlich gab es wieder reichlich „"pirinc", den so wunderbar duftenden Basmati- Reis. Und auch die frischen Kräuter fehlten nicht. Salim hatte "dugh" mitgebracht, den er sehr liebt. Den Abschluss des Essens bildete wieder das Teetrinken, eine Gewohnheit, die ich sehr schätzen gelernt habe. Ich durfte mich dann ein bisschen zurückziehen, und machte es mir im Wohnhaus auf den dicken Teppichen bequem.
Als ich wieder nach draußen kam, saßen die Frauen unter dem extra für die Verlobungsfeierlichkeiten gespannten Vordach im Schatten und verlasen die Kräuter" sabzi". Sie bestehen aus Petersilie, Koriander, Minze, ganz feinen Lauchzwiebeln, jungem Porree, Dill, und anderem. Ich gesellte mich zu der Runde und half mit, denn auch diese Arbeit ist mir aus Europa vertraut. Jeder Kräuterstängel wird sorgfältig geprüft, dann werden entweder nur die Stiele gekürzt oder die Blättchen abgezupft. Ein Teil der Kräuter wurde auch fein zerkleinert. Während der ganzen Arbeit unterhielten sich alle lebhaft und es wurde, wie eigentlich bei jeder Gelegenheit, Tee gereicht. Shirin war nochmal bei der Bäckerei gewesen und kam mit einem ganzen Stapel frischer Brote zurück, sorgfältig in saubere Tücher eingeschlagen. Sie sortierte die hauchdünnen Brotfladen ebenso liebevoll wie wir unsere Kräuter. Später kam Mapera und lud mich ein, vor dem Be-

such der Hochzeit noch mit zum Bazar zu kommen. Also kleidete ich mich schnell um und wir fuhren mit dem Taxi ins Zentrum. Ich sagte ihr, dass ich Postkarten kaufen wolle. Es ist meine Angewohnheit, meinen Lieben in Deutschland von meinen Reisen einen Gruß zukommen zu lassen. Auch Karim und Safia in Holland, die meine Reise in den Iran überhaupt möglich gemacht hatten, sollten ein paar Zeilen von mir erhalten. Mapera kam meinem Wunsch gerne nach, doch wir mussten mehrere Läden aufsuchen, bevor wir in einem Schreibwarenladen fündig wurden. Ansichtskarten sind im Iran nicht so verbreitet wie hierzulande, und Mahabad ist kein typisch touristisches Gebiet. Auf dem Heimweg gingen wir bei Mapera s Schwester vorbei, die uns herzlich willkommen hieß. Sofort wurde uns ein Scherbet serviert, ein eisgekühltes Getränk aus Sirup, der mit Wasser aufgegossen wird. Und appetitliches Obst wurde uns angeboten. Die Früchte im Iran sind sonnengereift voller Süße und sehr saftig. Natürlich wurde darauf bestanden, dass wir auch zugriffen. Dann entbrannte noch eine Diskussion um mein Kopftuch. Mapera meinte, es sei zwar schön, jedoch zu groß und zu warm. Mapera s Schwester kam daraufhin mit einem Schal aus dem Haus zurück, mit schwarz-weißem Paisley Muster und mit Pailletten verziert, sehr chic und handlicher als mein Kopftuch. Der Schal wurde mir kurzerhand als Geschenk überreicht und ich bedankte mich sehr. Auch der Ehemann erschien, er hieß mich auf Englisch willkommen, erkundigte sich höflich nach meinem Befinden und fragte mich, wie mir Mahabad gefiele. Diese Frage wurde mir oft gestellt, und ich antwortete „I like Mahabad very much." In der Tat liebe ich Mahabad sehr, wenn auch meine iranischen Freunde aus Teheran diese Stadt für provinziell halten und meine Begeisterung belächeln. Sie amüsierten sich über mein "man michaham be Mahabad berawam", ich möchte nach Mahabad fahren, das ich nach meiner ersten Reise so oft äußerte. Doch ich bin sicher, diese Begeisterung hängt nicht zuletzt mit den wunderbaren Menschen, die ich dort treffen durfte, zusammen, und der Tatsache, dass ich dort in Kurdistan war. Es war höchste Zeit aufzubrechen und ich legte meinen neuen Schal um. Ich konnte ihn nur lose umschlagen und merkte schnell, dass ich mich damit vorsichtig bewegen musste, er verrutschte leicht oder fiel ganz herunter, wenn ich mich bücken musste. Doch Mapera war sichtlich zufrieden. Und der kleine Schal sollte mir auch noch gute Dienste leisten, denn ich konnte ihn auch im Haus bzw. Hof, wo ich normalerweise kein Kopftuch tragen musste, immer in meiner Tasche bei mir tragen und bei besonderen Gelegenheiten schnell über die Haare legen. Meine Handtasche war auch hier mein ständiger Begleiter, jedoch nicht aus Misstrauen, dass etwas daraus entwendet werden könnte. Mein Hab und Gut war hier sicher wie in meinem eigenen zuhause. Doch mein Fotoapparat und meine Zigaretten waren darin verstaut, und beides hatte ich gern griffbereit. Als wir nach Hause zurückkamen, waren die Frauen schon mit den Vorbereitungen für den Besuch der Hochzeit beschäftigt. Er war an der Zeit sich umzuziehen. Wir durften Veyzar' s Raum benutzen, um uns anzukleiden und herzurichten. Mir fehlten mal wieder die Sicherheitsnadeln, die benutzt wurden, um Schärpe und Schal des Festtagsgewandes festzustecken. Nachdem Sarah, die auch zur Hochzeit mitkommen würde, diese besorgt hatte, half sie mir auch beim Umkleiden. Mit der endlos langen Bauchbinde und dem voluminösen Schultertuch komme ich alleine einfach nicht zurecht. Besonders die jüngeren Frauen schminkten sich auch sorgfältig. Sie zauberten erstaunliche Bestände an Schminkutensilien hervor und verstanden es, ihr Äußeres in äußerst positiver Weise zu betonen. Auch die Haare wurden sorgsam frisiert. Erst ziemlich spät waren wir fertig. Doch da es bei der Hochzeit kein Essen gab, war es nicht so wichtig, wann wir eintreffen würden. Mir war es ganz recht, dass es kein Essen geben sollte, so könnte ich das Abendessen einsparen. Doch es sollte noch anders kommen. Es gab noch eine kurze Diskussion, ob ich für die Fahrt mit dem Auto zum Hochzeitssalon meinen „Manteau" brauchte. Mapera setzte sich mit ihrer Meinung durch, ich brauchte für die kurze Fahrt den Mantel nicht mitzunehmen. Nur die Kopfbedeckung war Pflicht. Zuerst war ich sehr erleichtert, über dem Kleid nicht noch den Mantel tragen zu müssen, doch unterwegs war es mir dann doch nicht ganz wohl. Was würde passieren, wenn wir kontrolliert würden? Ich fuhr mit Mapera, Sarah und Kujestan zur Hochzeit. Unterwegs hielt unser Fahrer unvermittelt an und eilte in ein Schnellrestaurant. Kurz darauf kam er mit Sandwiches für jede von uns zurück. Die weichen, langgestreckten Brötchen waren riesig und gefüllt mit einer Art Kebab, Tomatenscheiben und sauren Gurken. Es waren wohl iranische Hamburger, für meinen Geschmack nicht gerade das Beste der sonst so perfekten iranischen Küche. Ein paar Bissen aß ich, doch wohin mit der anderen Hälfte? Wie die anderen Frauen verstaute ich schließlich den Rest in Folie eingewickelt in meiner Handtasche. Am anderen Ende der Stadt lag der Hochzeitssalon. Schnell huschte ich aus dem Auto hinein, fehlte mir doch mein "manteau". Auch hier war ich vor sechs Jahren schon einmal gewesen, hier hatte ich meine erste kurdische Hochzeit miterlebt. Der Salon bestand in erster Linie aus einem großen, von einer Mauer umgebenen Hof und war auf beiden Seiten mehrreihig bestuhlt. Eine Seite war den Männern vorbehalten, die andere uns Frauen. In der Mitte des Hofes befand sich ein Podest mit zwei riesigen Sesseln für das Brautpaar, noch war es jedoch leer. Musik und Tanz waren hingegen schon voll im Gang. Wir suchten uns freie Plätze, machten ein paar Fotos und beobachteten erst mal das Geschehen. Mir fielen als erstes die prunkvollen Kleider vieler Frauen auf. Sie waren farbenfroher geworden seit meinem letzten Besuch, die Stoffe feiner und durchscheinender, üppig mit Pailletten und Perlen verziert. Dazu die kunstvollen, kräftigen Make ups besonders der jüngeren Frauen, es war eine wahre Augenweide, und ich fühlte mich ein bisschen wie ein hässliches Entlein unter all den Schönheiten. In dem ungewohnten Kleidungsstück fühlte ich mich auch eher etwas unbeholfen denn elegant. Schon nach kurzer Zeit wurde uns Tee gereicht, später gab es sehr leckere Kokosmakronen und auch kalte Erfrischungsgetränke. Nach einiger Zeit forderte mich Kujestan auf, mit zum Tanzen zu kommen. Also deponierte ich meine Tasche bei Zeynab, die auch zur Hochzeit gekommen war, und wir reihten uns in die lange Reihe der Tanzenden ein. Der kurdische Tanz ist ein Reihentanz, und Männer und Frauen tanzen gemeinsam, wenn sie auch getrennt zu der Hochzeit kommen und separat sitzen. Es gibt verschiedene Schrittfolgen, eine einfache, die ich einigermaßen beherrsche, und schwierigere, die meist später getanzt werden, und bei denen ich dann nur Zuschauer sein konnte. Zur lebhaften und recht lauten Live-Musik werden zudem die Schultern auf und ab bewegt. Der Tanz ist sehr dynamisch und schweißtreibend, doch es wird unermüdlich getanzt. Manchmal spalten sich auch kleinere Gruppen von Männern oder Frauen aus der langen Reihe ab und führen Solos auf. Der Anführer hält in der freien Hand meist ein Tuch, dass er wirbeln lässt. So waren wir beschäftigt mit Tanzen und Schauen, bis endlich das Brautpaar in den Hof einzog, umjubelt von Verwandten und Freunden. Das junge Paar nahm auf dem Podest Platz, die Frau in Weiß, der Mann im Anzug. Alle Anwesenden gratulieren dann im Verlauf des Abends dem Brautpaar und geben ihre Geschenke ab, wobei Geld durchaus üblich ist. Erst später am Abend reiht sich dann auch das Brautpaar in die Reihe der fortgesetzt Tanzenden ein. Das gesamte Geschehen wird professionell im Film festgehalten und es entstehen die kunstvollsten

Hochzeitsvideos als bleibende Erinnerung und sie werden Gästen wie mir gerne gezeigt. Gegen Mitternacht verließen wir die Veranstaltung und fuhren mit Veyzar nach Hause, der unabhängig von uns Frauen zur Hochzeit gekommen war. Er war in Feierstimmung, im Auto dröhnte auch kurdische Musik, und er brachte uns wild hupend und lichthupend nach Hause, eine Hand am Lenkrad, die andere im Takt der Musik schwenkend. Zu Hause erwartete uns Shirin mit heißen Tee und noch etwas Obst. Sie war zu dieser Hochzeitsfeier nicht mitgekommen. Wahrscheinlich war sie mit Vorbereitungen für den morgigen Tag beschäftigt, war doch morgen der große Verlobungstag ihres Sohnes. Nun saßen wir noch fast eine Stunde im Hof zusammen und plauderten. Erst gegen ein Uhr nachts richteten wir unsere Nachtlager her und gingen dann auch bald schlafen.

DIE VERLOBUNGSFEIER

Ich lag noch in tiefem Schlummer, als ich Shirin´s Stimme von Hof her hörte. “Margrit, Kujestan“, so weckte sie uns. Es war gerade 7 Uhr morgens. Sechs Stunden Schlaf nur, rechnete ich nach, das war eigentlich viel zu wenig für mich. Doch heute war ein großer Tag, die Verlobung von Veyzar sollte gefeiert werden.Ich war gespannt auf den Verlauf des Tages und dankbar, daran teilhaben zu dürfen. Also stand ich schnell auf und zog mich an. Wir frühstückten wie immer in der Küche. Vor allem der Tee und meine Morgenzigarette taten mir gut. Shirin war sichtlich etwas nervös und sehr geschäftig. Ich bot meine Hilfe an mit den Worten “mitawanam komak konam?“ kann ich helfen? Sie bejahte und schob mir sogleich ein großes Tablett zu, auf dem Hülsenfrüchte ausgebreitet waren. In der Ware befinden sich manchmal mangelhafte Linsen und kleine Verunreinigungen. Diese müssen sorgsam aussortiert werden. Dies war nun meine Aufgabe, und ich erledigte sie sehr gründlich. Dann wurde ich angeleitet, den Hof zu fegen. Kaum war ich damit fertig, wurden riesige, wunderschön gemusterte Teppiche angeliefert, mit denen der überdachte Teil des Hofes ausgelegt wurde. Gegen 10 Uhr trafen bereits die ersten Gäste ein. Es erschienen wieder Frauen in den schönsten Kleidern. Sie nahmen auf den Teppichen Platz und ließen sich mit Tee bewirten. Shirin forderte mich auf, mich umzuziehen. Ich wollte gerne noch behilflich sein, und das ungewohnte lange Kleid ist dabei etwas hinderlich, doch Shirin bestand darauf, dass ich mich umkleidete. Also ging ich ins Haus, zog mein„ Libase kurdi,“ an und machte mich etwas zurecht. Da viele Gäste erwartet wurden, hatte Shirin mich ermahnt, meine Handtasche, sonst mein ständiger Begleiter, in Veyzar‘s Zimmer einzuschließen. Doch auf den Fotoapparat und meine Zigaretten wollte ich nicht verzichten. Um nicht zu viel in der Hand halten zu müssen, machte ich es den kurdischen Frauen nach und verstaute die Zigaretten in der langen Binde meines Gewandes. Inzwischen waren Salim´s Mutter und Zeynab herübergekommen. Auch Sarah, Kani und Mapera trafen ein. Sarah machte mich darauf aufmerksam, dass sich auf der gegenüberliegenden Straßenseite die Küche befände. Ich ließ es mir nicht nehmen, einen Blick darauf zu werfen. Neugierig verließ ich den Hof. Vor dem Haus auf der Straße standen die männlichen Gäste in lockerer Unterhaltung. Ich überquerte die Straße und betrat den großen Hof des Hauses gegenüber. Dort wurde auf einem riesigen Grill Kebab zubereitet und ebenso unter freiem Himmel in überdimensionalen Töpfen der Reis gekocht. Das waren also die Vorbereitungen für das Festtagsessen. Entgegen meiner Erwartung waren hier ausschließlich Männer am Werk und ich traute mich nicht, ihnen genau bei ihrer Arbeit über die Schulter zu sehen, sondern zog mich schnell wieder zurück. Auf der Straße hielt schon Kujestan nach mir Ausschau und winkte mich wieder in den Hof zurück. Die Frauen, die immer zahlreicher wurden, unterhielten sich in lockerer Atmosphäre. Alle waren an meiner Person interessiert und kümmerten sich rührend um mich. Eine lustige Frau mittleren Alters wurde mir als Karim's Tante vorgestellt. Sie erkundigte sich, wie viele andere auch, nach Karim und versuchte, sich mit mir zu unterhalten. Meine Sprachbarriere machte dies zwar schwierig, wir fanden aber trotzdem Anlässe, herzlich zu lachen. Ich nahm mir wieder einmal, wie so oft auf dieser Reise vor, endlich Kurdisch zu lernen. So gerne hätte ich mehr verstanden von den Gesprächsthemen, von der Lebenswelt dieser so freundlichen und offenen Frauen. Einige der jüngeren Frauen wollten gerne von mir fotografiert werden, einige der älteren wurden mit besonderem Respekt behandelt, und ich hätte gerne die Gründe dafür erfahren. Vielleicht könnte Karim mir einiges erklären, wenn ich ihm nach meiner Rückkehr die Fotos zeigen würde. Irgendwann kam Unruhe im Hof auf. Das Mittagessen wurde serviert. In einer langen Menschenkette wurden große Tabletts aus der Freiluftküche bis in den Hof weitergereicht. Auf jedem Tablett befanden sich zwei Portionen des herrlich duftenden Essens. Karim's Tante führte mich schnell in die Küche, sie dachte wohl, wir könnten dort mit mehr Ruhe essen. Auch wir bekamen unser Tablett mit dem leckeren Kebab und den üblichen großen Portionen des unvergleichlichen iranischen Reises. Dazu gab es frischen Salat, zu dem es Mayonnaise gab, in den üblichen Portionsbeuteln wie überall auf der Welt. Als Getränk gab es wahlweise Cola oder Fanta. Während wir mit Appetit aßen, gesellten sich einige Kinder zu uns in die Küche. Sie waren sehr neugierig und wollten viel von mir wissen. Unbekümmert redeten sie auf mich ein und stellten mir viele Fragen. Einige konnten schon ein paar Brocken Englisch, und so verständigten wir uns so gut es ging. Ob ich wirklich eine "doktor" wäre, wollten sie wissen, und ich bejahte wahrheitsgemäß. Wie so oft wurde ich nach meinen Eltern befragt, deren Befinden, Beruf, Alter. Sogar die Vornamen waren von Interesse. Irgendwann, als ich der vielen Fragerei schon etwas überdrüssig war, wurde ich von Sarah ins Haus gerufen. Ich folgte ihr in die Wohnung von Salim´s Mutter und Zeynab. Dort waren im Wohnzimmer einige Männer versammelt, die mir als Brüder und Verwandte von Mapera vorgestellt wurden. Die Herren lehnten an den Wandpolstern alle in sorgfältig gebügelten Hosen und Hemden. Ich wurde freundlich begrüßt. Im Gegensatz zu dem Trubel draußen herrschte hier eine angenehme Ruhe. Es wurde etwas englisch gesprochen, wir unterhielten uns bei einem Glas Tee, und ich wurde von fast jedem zum Besuch eingeladen. "Taarof" oder nicht? Es wurden viele Pläne gemacht, die nachher nicht alle zur Ausführung kommen sollten. Als ich mit Sarah schließlich wieder hinausging, fehlten unsere Schuhe, die wir beim Betreten des Hauses ausgezogen hatten. Ich irrte ein wenig barfüßig und suchend umher und fand meine Pantoletten schließlich in der Küche wieder. Dann kam das Signal zum Aufbruch. Die Verlobungszeremonie mit anschließender "Party" sollte wegen der Zahl der Gäste im Haus der Braut stattfinden. Ich wurde kurzerhand mit einigen Frauen in ein Auto gesetzt und wir fuhren in ein anderes Viertel von Mahabad. In der Straße, in dem sich das Haus der Braut befand, herrschte lebhaftes Treiben. Viele gutgekleidete Männer waren dort versammelt. Wir Frauen wurden ins Haus geführt. Das Haus war geradezu überfüllt, in allen Räumen saßen die Frauen dicht gedrängt auf den Teppichen. Kein Din –A-4 Blatt hätte zwischen den Sitzenden Platz gehabt. Im ganzen Haus herrschte eine unerträgliche Hitze, die mich ins Schwitzen brachte. Mit Sarah und Kani fand ich noch ein Plätzchen zum Sitzen, dicht neben uns schliefen in dem ganzen Trubel seelenruhig zwei Kinder. Nach einer Weile bahnte ich mir mit Kani einen Weg in das Zimmer, in dem die beiden Verlobten saßen. Sie nahmen dort die Gratulationen und Geschenke der Gäste entgegen. Wir reihten uns in die Schlange der Gratulanten ein und auch ich gratulierte schließlich und übergab meine Glückwunschkarte mit dem Geldgeschenk. Meine Glückwunschkarte war eigentlich eine Hochzeitskarte, doch hatte ich vorher noch die passenden Worte in Kurdisch hineinschreiben lassen. Sarah meinte, der irrtümliche deutsche Text würde nicht weiter auffallen. Nachdem dies in der drangvollen Enge und Hitze geschafft war, ging ich mit Kani in den etwas tiefer gelegenen Flur, dort war es ein wenig kühler. Mir fielen sofort drei junge Frauen auf, die besonders farbenfroh gekleidet waren. Pink, Türkis und grell blau leuchteten ihre Kleider, und das starke Make up strahlte in den gleichen Farben. Sie wollten etwas über mich wissen, doch da unsere Sprachkenntnisse nicht ausreichten, unterhielt sich Kani mit ihnen. Im Flur lagen keine Teppiche, und wir fanden schließlich auf Zeitungspapier Platz. Kani berichtete mir, es würde hier keine Party, d.h. kein Tanz, stattfinden, da kürzlich jemand gestorben war. Was würde nun aus dem Fest werden? Ich wollte gerade etwas hinaus an die frische Luft gehen, da bedeuteten mir einige Frauen, die ich von Vormittag kannte, mit ins Auto zu steigen. Ohne so recht den Grund und das Ziel der Fahrt zu kennen, stieg ich mit ein. Unterwegs hielten wir kurz an, und der Fahrer des Wagens kaufte eigens für mich ein Eis, dieses besonders leckere persische Eis, das nach Rosenwasser schmeckt. Noch nie hat mich in Deutschland ein Eis so erfrischt wie in der Hitze des iranischen Sommers. Das Ziel unserer Fahrt war Salim´s Haus, wir waren wieder in vertrauter Umgebung. Nach und nach trafen immer mehr Gäste ein, auch die vertrauten Gesichter von Shirin, Kujestan, Kauzar, Sarah, Kani und Mapera tauchten wieder auf. Jetzt waren auch Männer mit im Hof, auch hier herrschte Fülle, doch im Freien war alles erträglicher. Es dauerte nicht lange, da wurde von irgendwoher eine mächtige Stereoanlage angeliefert und installiert. Kurz darauf erschallte die temperamentvolle, kurdische Tanzmusik im Hof, und die ersten Gruppen der Tänzer und Tänzerinnen formierten sich. Die ausgelegten Teppiche wurden teilweise beiseite gerollt, um mehr Platz zum Tanzen zu schaffen. Bald hatte sich eine lange Reihe von Tanzenden gebildet, die unermüdlich den Hof umrundete. Die Stimmung war ausgelassen und fröhlich und weniger formell als bei dem Hochzeitsfest, das ich am Abend zuvor besucht hatte. Auch Veyzar und seine Freunde waren nun anwesend, und ich wurde mit einem herzlichen„Welcome in Iran“ begrüßt. Diesen Gruß sollte ich an diesem Tag noch öfter hören. Ich wurde auch auffordert mitzutanzen, und gab meine Tasche, die ich inzwischen doch wieder dabei hatte, schnell Salim´s Mutter zur Aufbewahrung, und reihte mich ein. Ich musste zwischen den jungen Männern tanzen, die sich köstlich über mich amüsierten, und mich mit den Rufen„ hasta, hasta“ immer wieder anfeuerten, auch ordentlich die Schultern zu schütteln. Nach ein paar Runden um den Hof war ich erhitzt und erschöpft und brauchte eine Pause. Gerne nahm ich ein Glas Eiswasser entgegen, alle Bedenken beiseite schiebend, ob dieses Wasser auch für Europäer verträglich sei. Am Vormittag waren einige große Stangen Eis angeliefert worden, die im Hof zerschlagen und in einen mannshohen Wasserbehälter gefüllt wurden. Jedes Stück Eis wurde zuvor sorgfältig abgespült und so vertraute ich nun der Qualität des Wassers. Stunde um Stunde wurde getanzt, immer lebhafter und ausgelassener. Immer wieder lieferten kleine Gruppen von Männern oder Frauen ihre Soli. Ich tanzte noch oft, zumindest wenn die Schrittfolge einfach war und genoss die wunderbare Atmosphäre dieses Festes. Wie schön, hier dabei sein zu dürfen. Es wurde schon dunkel, als die Gäste sich langsam verabschiedeten und der Hof leerer wurde. Irgendwann verstummte auch, zumindest vorübergehend, die Musik. Wir nahmen Platz und tranken den zu jeder Tageszeit willkommenen Tee. Für die verbliebenen Gäste, etwa 20 Personen, alles nähere Familienangehörige, wurde eine lange Tafel hergerichtet und es gab noch ein warmes Abendessen. Nach dem Essen erschien Sarah irgendwann umgezogen, und auch ich hatte das Bedürfnis, mich nach dem langen Tag im Festtagskleid leger anzuziehen. Natürlich fragte ich höflich um Erlaubnis und durfte mich kurz in Veyzar‘s Zimmer zurückziehen, um mich umzuziehen. Mein„libase kurdi„ war am Saum ziemlich ramponiert, denn obwohl ich stets versucht hatte, den überlangen Rock beim Laufen und Tanzen zu raffen, war ich wohl doch ziemlich oft darauf getreten und das hatte Spuren hinterlassen. (Bei meinem ersten Besuch im Iran wurde mir einmal, noch bevor ich ein eigenes hatte, ein Kleid für einen Polterabend geliehen und ich hatte es genauso zugerichtet, was mir ziemlich peinlich war.) Nun saßen wir wieder im engeren Familienkreis zusammen, und ließen diesen gelungenen Festtag Revue passieren. Kani war sehr angetan von der trotz der Schwierigkeiten so ausgelassenen und fröhlichen Feier. Sie berichtete mir, dass alle Anwesenden irgendwie verwandt waren, was ich erstaunlich fand bei der Zahl der Gäste. Sie erzählte mir auch, dass diese große Familie zur Gruppe der “Mangur“ gehöre, einem Familien Clan, der einmal über viel Vermögen und Einfluss verfügt haben muss und auch heute noch eine gewisse Vormachtstellung gegenueber anderen Familien innehat. Dass war mir neu, noch nie war darüber gesprochen worden, doch ich kann nur sagen, dass diese stolzen Menschen zu den großherzigsten und tolerantesten gehörten, so liebevoll hatten sie mich in ihrer Mitte aufgenommen. Auf einmal erklang nochmal die kurdische Musik und es wurde im kleinen Kreis noch ein bisschen in bester Stimmung getanzt. Die Tänzer schienen nicht müde zu werden und umrundeten immer und immer wieder den Hof. Auch ich wurde zu den Tanzenden hingeschoben, "welcome in Iran". Und aufmunternde "hasta, hasta" Rufe begleiteten mich, während ich mich in die Runde einreihte. Ich hatte wieder meine Schuhe nicht gefunden und tanzte jetzt barfuß. Shirin sah es und schob mir schnell ein Paar Pantoletten zu, bevor ich eine Pfütze durchqueren musste, die sich durch das Eiswasser gebildet hatte. So klang das Fest langsam aus. Am Ende eines wundervollen Tages half ich Shirin aufzuräumen, spülte die letzten Teegläser und legte die großen Teppiche zusammen, die am nächsten Tag wieder abgeholt wurden. Kujestan hatte unser Schlaflager schon errichtet, als wir in unser Schlafzimmer kamen, und ich legte mich dankbar zur Ruhe.

GROSSER PUTZTAG

Am nächsten Tag durfte ich schlafen, bis ich von alleine aufwachte. Ich zog mich schnell an und ging zum Frühstücken in die Küche. Salim und Shirin waren schon wieder auf den Beinen. Auch Shirin's Mutter gesellte sich zu uns. Nach dem Frühstück entwickelte sich ein geschäftiges Treiben im Haus und im Hof. Die gesamte Küche wurde auseinandergenommen, und Shirins Mutter reinigte alles gründlich im Hof. Einige junge Frauen kamen zur Hilfe. Zunächst wurden die kleineren Decken und Teppiche aus dem Haus in den Hof gebracht. Dort wurden sie nacheinander in einer großen Wanne mit Seifenlauge gewaschen. Dazu wurden sie mit den Füßen ausdauernd durchgestampft. Ich hätte gerne ein Foto von Kauzar bei der Arbeit gemacht, doch sie lehnte dies ab. Stattdessen wurde ich aufgefordert, ihre Aufgabe zu übernehmen und mich dabei fotografieren zu lassen. Gerne kam ich dieser Aufforderung nach. Die kühle Seifenlauge umspülte angenehm frisch meine Füße und so machte ich auch nach der Aufnahme des Fotos weiter. Die Decken und Teppiche wurden während der Reinigung mehrfach gewendet und anschließend in klarem Wasser gründlich ausgespült. Schließlich wurde alles zum Trocknen in die Sonne gehängt. Nach dieser Arbeit war es schon wieder Zeit für das Mittagessen. Heute wurde ausnahmsweise nicht frisch gekocht, es waren noch reichliche Reste von Festtagsmahl des Vortags da. Alle Anwesenden genossen die Pause und das anschließende Teetrinken. Ich habe im

Iran und auch bei Reisen in die Türkei und nach Ägypten nie Eile beim Essen erlebt, wie es in Deutschland leider inzwischen vielfach üblich ist. Ich bremste schon immer mein Essenstempo, um nicht noch mehr auf den Teller gehäuft zu bekommen, war ich mit den kurdischen Essensportionen doch ohnehin überfordert. Besonders "schlimm" war es, wenn Salim oder seine Mutter beim Essen anwesend waren. Salim`s Mutter bestand jedes Mal auf einem extra Löffel Reis, und Salim selbst schob mir stets die besten Stückchen Fleisch zu. Und wie schwer war es für mich, die Köchin gebührend zu loben und glaubhaft zu machen, dass alles wundervoll schmeckte, wenn ich einfach nicht genug aß. Shirin akzeptierte schließlich, dass ich manchmal eine Mahlzeit verweigerte oder nur ein wenig probierte. Nach dem Essen durfte ich mich heute wieder ein wenig zum Ruhen zurückziehen. Ich genoss es sehr, in der Ruhe des Hauses zu schlafen oder doch wenigstens zu dösen und in der angenehmen Wärme die besondere Atmosphäre dieses Ortes auf mich wirken zu lassen. Doch heute herrschte eine gewisse Unruhe und ich stand bald wieder auf. Die Arbeiten waren im vollem Gang. Auch die großen Teppiche lagen jetzt im Hof ausgebreitet und als ich Shirin traf, meinte sie, ich könne viel helfen, "Cheyli, Cheyli". Ein paar Frauen waren dabei, die Teppiche abzuspritzen, mit Seifenpulver zu bestreuen und dann mit einer Art Schieber zu shampoonieren. Ich wollte mich gerade zu den Frauen gesellen und mich in die Arbeit einweisen lassen, da kamen zwei Cousinen von Karim zu Besuch. Sie wurden herzlich empfangen und zum Teetrinken gebeten. So saßen nun die beiden Gäste, Shirin und ich bei Tee, Obst, Kokosmakronen (und Zigarette) zusammen, während die anderen arbeiteten. Plötzlich entbrannte ein Streit zwischen Shirin und den Arbeitenden, die Stimmen wurden laut und ungehalten. Ich verstand inhaltlich nichts und bereute in diesem Moment sehr meine mangelnden Kenntnisse der kurdischen Sprache. Irgendwann fiel das Wort "tourista", und auch über mein Rauchen wurde eine Bemerkung gemacht. War ich der Auslöser für diesen Streit? Ich wurde sehr nachdenklich und traurig. Wollte ich doch Shirin keinen Ärger machen. Die Auseinandersetzung wollte kein Ende nehmen. Schließlich kam Salim dazu und versuchte die Situation zu schlichten, doch die Frauen wollten sich nicht beruhigen. Irgendwann wurde mir alles zu viel, ich ging still ins Haus und setzte mich in den Wohnraum, der auch unser Schlafzimmer war. Ich bleib eine Weile zusammengekauert sitzen und am liebsten hätte ich geweint. So fremd und unpassend fühlte ich mich plötzlich hier. Gerne hätte ich die Situation geklärt, doch meine Sprachkenntnisse ließen es einfach nicht zu. Eine Weile war ich unschlüssig, was sollte ich nun tun? Ich wollte eigentlich nur weg, doch ich konnte und wollte nicht einfach abreisen, zu sehr hätte ich die Familie damit verletzt. Einmal guckte Shirin kurz um die Ecke der Zimmers, doch sie sagte weiter nichts. Wie haetten wir uns auch aussprechen sollen über die Situation? Endlich entschloss ich mich, wieder in den Hof zu gehen, dort waren die Frauen noch bei der Arbeit. Salim saß im Hof, er lächelte mir freundlich mit diesem herzlichen und gütigen Lächeln zu, und er meinte mit einer beschwichtigenden Handbewegung nur "Shirin". Vielleicht meinte er die Frauen im Allgemeinen, denn ich glaube nicht, dass Shirin der Auslöser des Streits war. Karim meinte später in einem Gespräch, die Frauen wären wahrscheinlich neidisch auf Salim und Shirin gewesen, hatte ich doch ihrem Sohn ein großzügiges Geschenk zur Verlobung überreicht, und Shirin hatte daraus kein Geheimnis gemacht, sondern am Verlobungsabend allen davon erzählt, nicht ohne sich überschwänglich bei mir zu bedanken.

Kujestan entspannte die Situation schließlich, in den sie mich aufforderte, mit zum Bazar, in die Stadt, zu gehen. "Shalvar, manteau" war wie immer das Signal. Ich kleidete mich schnell um, wir liessen den betriebsamen Hof hinter uns und gingen los. Wir wählten den Weg diesmal zu Fuß ins Stadtzentrum. Es war wirklich nicht allzu weit. Unterwegs erzählte Kujestan mir von ihren Träumen. Der Iran wäre nicht gut, sie ginge lieber nach Europa, oder noch besser nach Amerika, am besten fände sie Los Angeles. "Los Angeles cheyli chub hast" sagte sie. Viele Gedanken gingen mir bei Kujestans Worten durch den Kopf. Was erwartete sie von einem Leben im Westen? Sicher war es der Wunsch nach Freiheit, die es im Iran nicht gibt. Oder war sie auch beeinflusst von der vermeintlichen Glamour - Welt, die dank Satelliten –Fernsehen inzwischen auch in vielen iranischen Wohnzimmern landete? Wusste sie, was sie wirklich erwarten würde? Wahrscheinlich viel harte

Arbeit für wenig Geld, Verlust der engen Bindung an die Familie und vielleicht Vereinsamung und Ausgrenzung. Das Leben im angeblich goldenen Westen ist schon lange nicht mehr leicht, das Geld liegt nicht auf der Straße und alle sind zu Einzelkämpfen geworden. Solidarität und Zusammenhalt sind inzwischen Fremdworte. Aus eben diesem Grund denke ich immer wieder darüber nach, Deutschland zu verlassen und suche nach einer realistischen Möglichkeit, im Ausland einen Neuanfang zu schaffen. Und nun war da Kujestan und schwärmte mir von Deutschland und Amerika. Was sollte ich davon halten? Ich traf noch viele junge Leute, die weg wollten aus dem Iran. Kani erhielt einige Heiratsanträge von jungen Männern, die sich durch die Heirat erhofften, nach Schweden gehen zu können. Dass es im Iran Probleme gab, war unübersehbar, die Lage hatte sich seit sechs Jahren, seit 2001, nicht verbessert. Doch diese Sucht nach Europa verwunderte mich als vom Leben ernüchterte Europäerin trotzdem. Wir waren im Stadtzentrum angelangt. Kujestan fragte mich, was ich kaufen wolle, und ob ich iranisches Geld hätte. "pl irani dari"? Ich bejahte. Ich kaufte, indem sie mich in die entsprechenden Geschäfte führte und mich auch bei den Preisen beriet, zwei Parfums, ich wollte meinen Freunden in Deutschland auch Geschenke mitbringen. Ganz richtig war ich nicht bei der Sache, zu viel ging mir durch den Kopf, und der Vorfall vom Nachmittag, den ich nicht richtig einordnen konnte, ließ mich immer noch unruhig sein. Als wir schon auf den Heimweg waren, führte mich Kujestan unvermittelt in eine Art Café. Ich hätte hinter der unscheinbaren Fassade nichts dergleichen vermutet. Das Lokal war sehr modern, schwarz gestrichen mit roten Sitzmöbeln, und wurde offenbar von jungen Leuten besucht. Wir suchten uns einen Platz im ersten Stock, und verständigten uns darauf, Orangensaft zu bestellen. Es dauerte jedoch ewig, bis eine Bedienung kam. Lag es etwa daran, dass ich als Ausländerin dabei war? Ich war heute einfach nicht bester Stimmung, deshalb war ich wohl besonders misstrauisch. Vielleicht war ich auch nur verwöhnt von meiner Welt, wo Personal mehr als nur zu funktionieren hatte, und Service blitzschnell sein musste. Schließlich kam jemand und wir erfuhren, dass es Orangensaft nicht gab. Wir bestellten dann Bananenmilch, "milk banana", wie Kujestan sich ausdrückte. Bananenmilch ist derzeit ein In-Getränk im Iran, auch Bananen werden in großen Mengen auf dem Markt angeboten. Die Bananenmilch war vorzüglich. Ich fragte Kujestan, ob sie öfter hierher käme, und sie bestätigte dies. Hier war ein Ort, wo sich junge Menschen treffen konnten. An einem Tisch saßen sich immerhin eine junge Frau und ein junger Mann gegenüber. Gerne hätte ich Kujestan zur Bananenmilch eingeladen. Doch sie bestand darauf, mich einzuladen und zu bezahlen. Wir verließen das Lokal und gingen zu Fuß nachhause. Dort wurden wir schon mit Spannung erwartet. Als erstes mussten alle Einkäufe gezeigt werden, es wurde alles begutachtet und natürlich gefragt, was für wen wäre. Als Kujestan dann noch berichtete, dass wir im "Coffee Shop" waren war Kauzar, ihre ältere Schwester, ganz aus dem Häuschen. Natürlich fehlte auch heute ein warmes Abendessen nicht, welches wir draußen einnahmen. Das abendliche, entspannende Draußensitzen in der angenehmen Wärme genoss ich immer wieder aufs Neue. Zudem hatte Kauzar angeregt, dass ich am nächsten Morgen duschen sollte, und so war ich schließlich mit diesem etwas unruhigen Tag wieder versöhnt. Veyzar gesellte sich mit seinem Freund zu unserer Runde. Das Thema der beiden war wieder das Benzinproblem und ich beschloss, diesen Sachverhalt bei Gelegenheit noch näher zu ergründen. Bevor wir nach dem letzten Tee unser Nachtlager herrichteten, schauten wir noch kurz ins Fernsehprogramm. Salim hatte sich bereits zurückgezogen und es sich vor dem Fernseher bequem gemacht. Dank Satellit gab es diesmal eine viel größere Auswahl an Programmen als vor sechs Jahren. Damals war nur das staatliche iranische Fernsehprogramm zu empfangen. Jetzt konnten sich die Menschen hier auch persische Programme aus dem Ausland und vor allem auch die zahlreichen kurdischen Sendungen ansehen. Allerdings war dies offiziell verboten. Wie mir Karim später erklärte, konnte das Aufstellen von Satelliten- Schüsseln unter Umständen mit Gefängnis bestraft werden. Es gab auch immer wieder Interventionen von staatlicher Seite, bei denen die Satelliten-Antennen aufgespürt und zerstört wurden. Trotzdem verfügte fast jeder Haushalt darüber. Für mich war dies ein Zeichen dafür, dass der Wille der Bevölkerung nach Freiheit und Informationen nicht zu brechen war. Shirin kam zum Abschluss eines langen

Tages noch mit erfrischenden Melonenstücken herein. Wie immer wurde auch das Obst auf Desserttellern und mit Messer und Gabel serviert. Der Anfall an Geschirr war durch die vielen Haupt-und Zwischenmahlzeiten beträchtlich, und ich bemühte mich nach Kräften, beim Abwaschen mitzuhelfen. Keinesfalls wollte ich als untätiger Gast dastehen, während Shirin so unermüdlich tätig war. Vielmehr wollte ich mich so gut es ging als Teil der Familie integrieren. Es war wieder spät geworden, als wir uns schließlich schlafen legten und ich freute mich vor dem Einschlafen noch auf meine morgendliche Dusche.

ZWEI RUHETAGE

Die beiden folgenden Tage verliefen ruhig. Ich durfte ausschlafen, doch so gegen 8 Uhr erwachte ich von alleine, fühlte mich frisch und freute mich auf den Tag. Es war gar kein Vergleich zu meinem tristen Dasein in Deutschland, wo ich mich immer schwer tat mit dem Aufstehen, wenn der Wecker klingelte und ich freie Tage am liebsten bis mittags im Bett verbachte. Ich genoss die versprochene Dusche ausgiebig, zog mich ganz frisch an und erwartete gespannt den Tag.. Nach dem Frühstück begann Shirin´s Mutter mit den Vorbereitungen für “Dolma“ jenen lecker mit Reis und Fleisch gefüllten Weinblättern und u.U. auch anderen Gemüsen. Die Weinblätter wurden dafür frisch im Hof gepflückt. In Deutschland kannte ich dieses Gericht meist mit eingelegten Weinblättern zubereitet. Doch mit dem frischen Weinlaub versprach dieses Mahl besonders köstlich zu werden. Da ich mit der Herstellung der zierlichen gefüllten Kostbarkeiten aus Holland vertraut war, bot ich meine Mithilfe an. Doch ich musste erst unter genauer Beobachtung eine Probe meines Könnens abliefern, bevor ich als Helferin akzeptiert wurde. Einmütig füllte ich mit Shirin´s Mutter, in der Küche am Boden hockend, einen riesigen Topf mit “dolma“, und mit der verbleibenden Füllung wurden dann auch noch einige Tomaten und Paprika gefüllt. Alles wurde dann bei leiser Hitze langsam auf dem Gasherd gegart, und ich freute mich diesmal sehr auf das Mittagessen, gehörten doch “Dolma“ neben dem wunderbaren “khoreshe sabzi“ zu meinen Lieblingsessen. Das Mittagessen im Hof wurde wie erwartet in familiärer Runde ein Fest. Zum Essen gab es frisches Fladenbrot und Cola, die noch immer von der Verlobungsfeier übrig war. Natürlich fehlte der Tee nach dem Essen nicht, und ich konnte meine Zigarette rauchen. Ich hielt auch meine Mittagsruhe, eine Angewohnheit, die ich sehr schätze. Im deutschen Alltag bleibt mir allerdings nicht immer die Zeit dafür, und während ich mich dort meist unter der wärmenden Bettdecke verkrieche, konnte ich mich hier ganz entspannt auf den weichen Teppichen ausstrecken. An einem Nachmittag bekam Salim Besuch von einem würdigen alten Herren in kurdischer Tracht. Die beiden zogen sich ins Wohnhaus zurück, während wir Frauen im Hof blieben. Schon beim Erscheinen des Gastes im Hof hatte ich schnell meinen kleinen schwarzen Schal aus der Handtasche gezogen und mir umgelegt. Nun bedeutete Kujestan mir nach einer Weile, mit ins Haus zu kommen. Ich wurde dem Herren vorgestellt und durfte bei den beiden Platz nehmen, was ich als große Ehre empfand. Der Onkel Salim´s sei 101 Jahre alt, so wurde mir klar gemacht. Der alte Herr mit der würdevollen Ausstrahlung scheint noch sehr rüstig. Bei einem Glas Tee saßen wir zusammen, und der Onkel Salim´s bot mir aus einem fein ziselierten Silberetui eine Zigarette an. Wir rauchten gemeinsam, dann verabschiedete ich mich in aller Form und zog mich wieder in den Hof zurück.

Den anderen Nachmittag verbrachte ich bei Salim´s Mutter und ihrer Schwester Zeynab. Die beiden sind mir, obwohl wir uns kaum unterhalten können, sehr zugetan und ich könnte sofort in die Wohnung der beiden einziehen. Doch wie sollte ich dort meinen Lebensunterhalt bestreiten? Wie überall wurde ich auch dort bewirtet und ich konnte mich ganz zwanglos benehmen, sogar im Sitzen meine Beine bequem ausstrecken. Salim`s Mutter betet viel und sie beklagte sich über die Regierung von Achmadinedschad. Diese Kritik hörte ich von vielen Seiten. "Achmadinedschad chub nist?" fragte ich und sie antwortete. "Achmadinedschad charab". Ich verstand sofort, dass eine Bekräftigung meiner Frage gemeint war, obwohl ich erst nach meiner Reise Gelegenheit fand, den Begriff im Wörterbuch nachzuschlagen. Wir sahen zusammen Videos und kurdische Programme im Fernsehen, bis ich dann wieder abgeholt wurde. Ich fand auch Zeit, meine Postkarten zu schreiben. Kujestan schaute mir dabei zu und wollte genau wissen, wen ich mit einer Ansichtskarte bedachte. Mit großer Begeisterung schrieb ich meinen Lieben in Deutschland und den Niederlanden von meiner Freude, in Kurdistan und bei ``meiner `` Familie sein zu dürfen und von meinen bisherigen Erlebnissen. Das Schreiben auf dem Fußboden war ungewohnt, aber es gelang doch recht gut. Kujestan versah die erforderlichen Kuverts mit den entsprechenden Ländernamen. Nun musste alles nur noch zur Post, doch das sollte auch noch gelingen. An beiden Abenden ging ich mit einigen Frauen zum Bazar, ins Stadtzentrum. Er ging darum, einen Reiskochtopf für Safia zu erwerben. Sie hatte mich gebeten, einen für sie mitzubringen, und ich brauchte für die richtige Auswahl Hilfe. Wie immer wurden erst mal viele Angebote geprüft und Preise verglichen. Den richtigen Topf fanden wir schließlich nicht im Zentrum, sondern ganz in der Nähe von Salim´s Haus, in einem unscheinbaren kleinen Laden, der einer Garage glich und in dem sich die Kartons mit Töpfen aller Art bis unter das Dach stapelten. Der Topf wurde erst einmal zurückgestellt, wir wollten ihn bei anderer Gelegenheit abholen. Bei dem Bummeln durch die Läden der Stadt entbrannte ein regelrechter Wettstreit darum, wer wem etwas schenken könnte. Kauzar lehnte es kategorisch ab, dass ich ihr einen Schal kaufte. In einem anderen Geschäft, das Tücher und Kosmetikartikel in reicher Auswahl anbot, merkte ich dann, wie Kujestan mit einem Schal liebäugelte. Diesmal war ich schlauer und wandte mich direkt an die Verkäuferin. "Man michaham becharam" sagte ich, auf den Schal deutend. "Tschande?" fragte ich nach dem Preis. Es gelang mir, den Kauf zu tätigen, und Kujestan freute sich sichtlich. Doch nun musste auch ich mir ein Tuch aussuchen. Die Wahl fiel mir schwer, schließlich entschied ich mich für ein grünes Modell, das ich auch gleich umlegte. Dabei tat ich es den anderen Damen gleich, die Tücher probierten, indem sie sie unter den getragenen Schal schoben, damit in der Öffentlichkeit nicht das ganze Haar sichtbar wurde. Ich konnte Shirin auch nicht davon abhalten, noch einen Zuckertopf für mich zu kaufen, dieses wichtige Accessoire für den Würfelzucker zum Teetrinken. Bei unseren Einkaufsbummeln fiel mir immer wieder auf, wie viele junge

Leute in dieser stets belebten Stadt unterwegs waren. Das Alter der Durchschnittsbevölkerung lag im Iran weit unter dem von Deutschland, was sich im Stadtbild deutlich zeigte. Die jungen Frauen waren meist in Gruppen unterwegs, sehr gepflegt, trotz der Kleiderordnung modisch gekleidet und sorgfältig geschminkt. Viele von ihnen sahen einfach fantastisch aus. Was dachten sie wohl von der leicht verschwitzten Ausländerin, die zudem nicht mehr ganz jung war? Mein Alter wurde mir hier sehr wohl bewusst, und ich war froh, dass ich noch auf dieser Reise sein durfte. Wie lange würde ich in dieser Art noch reisen können? Würde sich mein Traum noch erfüllen lassen, Deutschland zu verlassen und im Ausland zu leben?
Die Abende verbrachten wir im Hof. Nach dem warmen Abendessen saßen wir beieinander. Veyzar und seine Freunde kamen hinzu. Die jungen Männer interessierten sich für das Auto, das ich fuhr, die Marke, das Baujahr, alles war von Interesse. Besonders glänzen konnte ich mit meinem Audi 80 Baujahr 1991 ja nicht, aber für hiesige Verhältnisse war es doch noch ein passables Gefährt. Salim spielte Tachte, das iranische Backgammon, auf einem wunderschönen Spielbrett, und ich schaute dem routinierten und schnellen Spiel der Spieler gebannt zu. Ich beherrsche Backgammon auch etwas, traute mich aber nicht, zu fragen, ob ich auch spielen dürfte. Dieses Spiel scheint hier eine Domäne der Männer zu sein. Irgendwann waren alle müde, und nach einem kurzen Blick ins Fernsehprogramm legten wir uns schlafen.

PICKNICK

Der iranische Freitag entspricht unserem Sonntag. Die meisten Geschäfte sind geschlossen und die Menschen genießen ihre Freizeit. Am beliebtesten ist es, zum Grillen aus der Stadt hinaus aufs Land zu fahren. Bei meinem Besuch vor sechs Jahren hatte ich zwei wundervolle Picknicks in der grandiosen Natur, die Mahabad umgibt, miterleben dürfen und so freute ich mich besonders auf diesen Tag.
Diesmal sollte ich Mapera´s Familie begleiten. Wir, Chadidsche und Zeynab kamen auch mit, fuhren also erst mal zum Haus von Mapera´s Mutter. Sie bewohnt ein großzügiges Haus in einem anderen Viertel von Mahabad. Dort gab es im Wohnzimmer sogar Sitzmöbel, und es tat mir gut, wieder einmal auf einem Sofa zu sitzen, ist das ständige Sitzen am Fußboden für ungelenkige Mitteleuropäer doch gewöhnungsbedürftig. Die Sofas werden jedoch meist nur von älteren Frauen oder den Männern genutzt, und so fand ich mich nach kurzer Zeit doch auf dem Teppich wieder. Zunächst wurde Tee und Obst gereicht. Die Frauen waren in der Küche schon mit den Vorbereitungen für das Barbecue beschäftigt. Es dauerte eine Weile, bis alles für den Ausflug hergerichtet war. Die Männer luden dann alles in zwei Autos, Grill, Gaskocher für die Teezubereitung, Geschirr, die Speisen,Decken,u. v.a. Die Kofferräume füllten sich. Am frühen Nachmittag verließen wir die Stadt in Richtung Süden. Nach nicht allzu langer Fahrt erreichten wir den nahegelegenen

Stausee. Entlang der Straße hatten sich schon zahlreiche Familien an mehr oder minder romantischen Plätzen zum Picknicken niedergelassen. Wir fuhren bis auf den breiten Strand des Stausees und suchten dort einen geeigneten Platz. Einige Fahrzeuge parkten direkt am Wasser. Die Autos gehören im Iran sozusagen zur Familie und werden nie weit zurückgelassen.Im Schutz unserer beiden PKW wurden die Decken ausgebreitet und wir Frauen durften Platz nehmen.Zuerst wurde Tee gekocht, zu dem es geröstete Sonnenblumenkerne gab, die mit der Schale angeboten und zwischen den Zähnen geknackt werden. Wenn man mit ein bisschen Übung den Bogen raushat, ein suchterzeugendes Ritual. Diese hier waren von schwarzer Farbe und besonders schmackhaft. Schon nach kurzer Zeit sagte Mapera mir, ich könne hier draußen Schal und Mantel ruhig ablegen. Die ungeliebten Kleidungsstücke waren auch bei den anderen Picknicks einfach über nahestehende Bäume und Büsche geworfen worden. Diesmal wurde mein Mantel im Auto verstaut. Shaho nahm ein erfrischendes Bad im Stausee, in dem auch einige andere Jugendliche plantschten und die willkommene Abkühlung genossen. Ich sah allerdings nur junge Männer, das Schwimmen in der Öffentlichkeit war offenbar keine Angelegenheit für Frauen. Die Männer machten sich am Grill zu schaffen und richteten die Fleisch - und Gemüsespieße her, die äußerst appetitlich aussahen und schon bald zog der Duft von Gegrilltem über den Strand. Ich liebe Grillen über alles, und gerade hier empfand ich es als ein Stück Freiheit in dem sonst so reglementierten Land. Ich bin mir ziemlich sicher, dass auch die Einheimischen so darüber denken, und deshalb das Barbecue ihre liebste Freizeitbeschäftigung ist. Überhaupt habe ich die Kurden stets als sehr naturverbunden erlebt, kennen viele von ihnen doch noch das naturnahe Leben in den Bergdörfern. Doch dazu später mehr. Während die Spieße noch über der Glut garten, nahmen wir die mitgebrachte "Dokleu" zu uns. Dann endlich wurde das Grillgut verteilt, und es schmeckte genauso gut wie es duftete. Es wurde in Fladenbrot gewickelt gegessen und es war wie immer reichlich vorhanden. Nach dem ausgiebigen Mahl wurde aufgeräumt und wir saßen dann noch bei Tee zusammen, während ein sturmartiger Wind aufkam, der etwas Abkühlung, aber keinen Regen brachte. Ein für diese Jahreszeit, den Hochsommer, ungewöhnliches Phänomen, das mich an einen Wüsten –Sandsturm erinnerte. Der Sturm vertrieb aber nicht unsere gute Laune. Ich vertrat mir etwas die Fuße und begutachtete ein am Ufer errichtetes Zelt, in dem offenbar Menschen wohnten. Leider war es schon zu dunkel geworden, um noch vernünftige Aufnahmen zu machen. Die Dunkelheit brach ziemlich schnell herein und es wurde Zeit, unsere Utensilien in die Autos zu verstauen und zur Stadt zurückzufahren. Ich musste auch wieder ´´manteau ´´ und Tuch anziehen. Das Tuch verselbständigte sich bei dem Versuch, es in dem heftigen Wind umzulegen und flog geradewegs aufs Wasser zu. Ich, die ich keine gute Läuferin bin, musste einen gewaltigen Spurt einlegen, um es noch rechtzeitig zu erwischen. Unsere Rückfahrt war am

Rande der Stadt jäh zu Ende. So viele Menschen wollten zurück in die Stadt, dass die Einfallstraße in die Stadt total dicht war –Stau. Unser Auto stand, wir kamen keinen Meter mehr voran und so stieg ich mit Mapera aus und machte einen kleinen Bummel in dem wunderschönen Park, der an dem Fluss angelegt ist, welcher durch Mahabad fließt. Alles war schön beleuchtet und noch viele Menschen dort unterwegs, um die warme Abendluft zu genießen. Der Sturm hatte sich wieder gelegt. Auch der Park erinnerte mich an meinen Aufenthalt vor sechs Jahren. Damals waren wir am ersten Abend dorthin gefahren, um spazieren zu gehen und leckeres Rosenwasser-Eis zu essen. Ich fand es unheimlich schön dort damals und war beeindruckt von der modernen Stadt. Diesmal nahmen wir schließlich auf einer Bank Platz und Mapera meinte, ich könne ruhig rauchen. Ich war etwas unsicher, so in der Öffentlichkeit meine Zigaretten zu zücken, wagte es dann aber doch und blieb auch unbehelligt. Nach einer Weile holte unser Fahrer uns ab. Es ging wieder voran. So erreichten wir schließlich das Haus von Mapera´s Mutter, wo alles wieder ausgeladen wurde. Die Menschen gaben sich hier viel Mühe für ihre Freizeitgestaltung. Mapera lud mich ein, hier im Haus ihrer Mutter zu übernachten. Sie hatte mich schon öfter darauf angesprochen und ich wusste, dass ich ihr und ihrer Mutter eine große Freude machen würde, wenn ich ihrem Wunsch entsprach. Shirin würde mich schon nicht vermissen, entkräftete sie meinen Einwand. Chadidsch und Zeynab fuhren also ohne mich zu ihrer Wohnung zurück. Auch die anderen Gäste, alles Verwandte von Mapera, verabschiedeten sich nach und nach. Nachdem die letzten gegangen waren, machten wir(Mapera, ihre Schwester und ihre Mutter) uns bereit für die Nacht. Ich bekam ein eigenes Zimmer zugewiesen, was sehr angenehm war, und wurde mit Kleidung für die Nacht ausgestattet. Dann sagten wir´´Shab be cheyr´´, gute Nacht.

EINDRÜCKE IM BAZAR

Als ich am nächsten Morgen erwachte, war im Haus noch alles ruhig. Ich schaute um die Ecke zum Wohnzimmer und sah Mapera dort noch schlafen. Also schlich ich mich leise auf mein Lager zurück und legte mich noch etwas hin. Erst als ich Bewegung im Haus hörte, regte ich mich auch. Mapera war gerade unter der Dusche, und auch ich durfte duschen. Welch ein schöner Beginn des Tages. Das Frühstück nahmen wir zu viert in der gut eingerichteten Küche ein. Mapera hatte dann noch ein paar Hausarbeiten zu erledigen, ich ging in den Hof, wo mich die Sonne begrüßte, bewunderte die hübschen Kanarienvögel, den großen Pfirsichbaum, der voller reifer Früchte hing und sah dann Mapera´s Mutter bei der Butterzubereitung zu. Dazu wurde ein zylindrisches Metallgefäß, das an einem Tragegurt befestigt war, rhythmisch hin und her geschwenkt. Das ging eine ganze Weile so. Als Mapera's Mutter das Gefäß schließlich öffnete, konnte sie tatsächlich eine gute Handvoll Butter von der verbliebenen Molke abschöpfen. Was für ein kostbares Geschenk war dieser Klumpen handgefertigter Butter. Hierzulande ging man einfach in den nächsten Laden und kaufte ein halbes Pfund Butter aus dem Supermarkt-Regal. Hier war Butter noch eine Besonderheit, und schmackhaft obendrein. Schließlich machten wir uns wieder für einen Stadtbummel fertig. Ich trug meine Postkarten immer noch in der Handtasche mit mir herum. Salim, behilflich wie er stets war, hatte schon versucht, die Karten am Freitag abzuschicken, aber da war die Post geschlossen gewesen und er kam unverrichteter Dinge zurück. Heute sollten sie endlich auf die weite Reise gehen, sie würden ohnehin nach mir ankommen. Das Postamt war ein großzügiger Bau, und erinnerte mich an deutsche Postämter von früher. Hinter den verschiedenen Schaltern, dessen einzelne Bedeutung ich nicht erkennen konnte, saßen Postbeamte, die in aller Ruhe ihre Arbeit erledigten. Es war voll im Postamt, überall hatten sich Schlangen gebildet, und wir reihten uns in eine davon ein. Erstmal waren wir falsch, und wurden zu einem anderen Schalter geschickt. Wieder warten. Als ich schließlich dem Beamten meine unverschlossenen Briefumschläge vorlegte, war der ziemlich entsetzt. Irgendetwas war daran falsch. Erstens mussten die Adressen abgeändert werden, und zweitens waren die Umschläge zu verkleben. Zu diesem Zweck bekamen wir eine Flasche Klebstoff, und machten uns ans Werk. Erst dann war der Beamte bereit, die Briefe anzunehmen. Nachdem dies endlich erledigt war, bummelten wir weiter in Richtung Stadtzentrum. Was ich noch kaufen wolle, fragte mich Mapera. Tee und Safran fielen mir ein, beides gab es im Iran in guter Qualität und ich wollte gerne davon mit nach Deutschland nehmen, als Geschenk und für den eigenen Bedarf. Mapera schaute nach Gardinenstoffen, die in einigen Geschäften in wunderbarer Ausführung angeboten wurden. Sie suchte einiges aus, ohne die Ware gleich mitzunehmen, sie würde wohl später abgeholt werden. Wir streiften auch über einen wunderschönen Obst - und Gemüsemarkt. Da ich in Deutschland lange mit Obst und Gemüse gearbeitet habe und auch einen eigenen Obst-und Gemüseladen betrieben habe, faszinieren mich diese Lebensmittel immer wieder ganz besonders. Die Waren wurden kunstvoll aufgeschichtet, wirkten frisch und bester Qualität. Auch war alles für unsere Verhältnisse sehr preiswert. Doch vergaß ich nie zu bedenken, dass im Iran ja auch ganz andere Einkommensverhältnisse herrschten. Trotzdem wurde im Iran, zwischen den Mahlzeiten und auch noch spätabends nach dem Abendessen, gerne und viel Obst gegessen. Auch Minigurken zählten hierzulande als Obst. Sie wurden mit Salz serviert. Immer wieder begeisterte mich die Süße und Saftigkeit sowie das herrliche Aroma der sonnengereiften Produkte. Vergleichbares findet man in Deutschland nur in ausgewählten Geschäften, oftmals den türkischen Märkten, nicht aber im Supermarkt. Auf dem Nach-hause-Weg gingen wir noch bei einem Schneider vorbei, wo Mapera ein Kleid in Auftrag gegeben hatte; so sah ich auch eine iranische Schneiderei von innen. Hinter einem großzügigen Empfangsraum befand sich die eigentliche Werkstatt. Eine Reihe von Frauen saß dort hinter den Nähmaschinen und war in ihre Arbeit vertieft. Die Chefin reichte Mapera ihr Kleid zum Probieren. Es war ein schickes langes schwarzes Kleid, hier und da wurde noch etwas abgesteckt, was noch geändert werden sollte. Auch ich hatte mein´´ Libase Kurdi ´´vor sechs Jahren ja anfertigen lassen, allerdings in einem Privathaushalt. Immer wieder war ich erstaunt, wie geschickt die Frauen dabei zu Werke gingen. Nur schnelles Maßnehmen war damals erforderlich gewesen, und schon war aus der Fülle des Stoffes über Nacht ein gut sitzendes Kleid entstanden. Ich hatte damals inklusive Material 100 DM für alles bezahlt. Ich wagte mich nicht zu fragen, was Mapera jetzt bezahlte, und auch über die Löhne der Arbeiterinnen blieb ich im Unklaren. Mapera´s Kleid war übrigens keine typische Tracht, sondern ein elegantes Abendkleid, was durchaus auch in Europa für festliche Anlässe getragen werden konnte. Schnell eilten wir dann zu Salim´s Haus. Das Mittagessen wartete schon auf uns. Shirin hatte ´´chorma sabzi´´ zubereitet, dieses herrliche Gericht aus Fleisch, vielerlei Kräutern und braunen Bohnen. Da es eines meiner Lieblingsgerichte war, bekam ich es auch oft in Holland, wenn ich dort zu Besuch war. Dieses Essen sah ungewöhnlich aus, schmeckte aber hervorragend. Es gab dazu den berühmten Basmati-Reis, ähnlich wie Kompott sirupartig eingelegte Kirschen, und ein sauer eingelegtes Gemüse, das mir völlig unbekannt war. Es ähnelte etwas unserem Staudensellerie, war aber rötlich –weiß und anders im Geschmack. Man erklärte mir, dass es ein wildes Gewächs aus der Gegend um Gagasch, also aus den Bergen, wäre. Der Ausflug nach Gagasch stand noch bevor und ich freute mich schon darauf. Am Nachmittag wurden die Fahrten nach Piranshar und Gagasch diskutiert. Das Problem war die Benzinmisere des Landes. Mapera sagte mir, dass 1Liter Benzin einen Euro koste, was hierzulande ein sehr hoher Preis war. Ich erbot mich die Kosten für die Tagesausflüge zu übernehmen. Dieses Angebot wurde nur zögernd angenommen.

Wir kamen schließlich überein, mit dem Autobus nach Piranshar zu fahren. Für die Fahrt nach Gagasch in die Berge musste ein Landrover samt Fahrer gemietet werden, das würde ich übernehmen. Unbedingt wollte ich das Bergdorf in der atemberaubenden Berglandschaft wiedersehen. Hier hatte ich mich bei meinem letzten Besuch unglaublich glücklich und frei gefühlt. Außerdem erinnerte mich das dort an die kurdischen Dörfer in der Südost-Türkei, wo ich schon öfter zu Gast gewesen war. Wie sehr hatte ich das so ganz andere Leben dort jedes Mal genossen. Es war ein entbehrungsreiches, hartes Leben dort, aber ich hatte es als frei und abwechslungsreich empfunden und den Zusammenhalt unter den Dorfbewohnern bewundert. Natürlich hatte ich auch dort Unstimmigkeiten und Spannungen, auch innerhalb der Familie, bemerkt, aber die Haustüren standen offen, Isolation und Ausgrenzung hatte es nicht gegeben. Und da war ich, die fremde Europäerin, die sich einigermaßen anzupassen versuchte, und ich fühlte mich angenommen und geborgen in der Gemeinschaft. Damals wusste ich noch nicht, dass die Gastfreundschaft in der Türkei im Iran noch bei weitem überboten würde. Hier wurde sich nicht nur liebevoll um mein Wohlergehen bemüht, sondern ich wurde vorbehaltlos in der Familie aufgenommen. Nie zuvor war ich so großherzigen und toleranten Menschen begegnet. Bei meinem ersten Besuch vor sechs Jahren war ich völlig überwältigt und es war der Wunsch entstanden, auf immer dort leben zu können. Leider hatte ich meinen Plan in der Zwischenzeit nicht umsetzen können. Umso glücklicher war ich, nun wenigstens wieder einen Urlaub mit "meiner" Familie verbringen zu können. Der Tag ging ruhig zu Ende, morgen wollte ich mit Shirin nach Piranshar fahren, um Safia´s Familie wiederzusehen. Ich freute mich sehr darauf, vor allem auf Fereschte, mit der ich vor sechs Jahren auf Anhieb ein Herz und eine Seele gewesen war. Ich bat noch darum, morgens duschen zu dürfen, was Shirin mit einem Lächeln quittierte. Sie hatte von Mapera wohl erfahren, dass ich bei ihr auch geduscht hatte. Doch die Tage waren heiß und ich wollte frisch und sauber nach Piranshar reisen. Auch dieser Tag ging mit dem gemeinsamen Bettenmachen zu Ende, nicht ohne noch kurz vor dem Fernseher zu verweilen. Shirin kam einmal wieder schnell noch mit etwas Obst. Die Melonen waren wie immer saftig, süß und erfrischend. Schließlich legten wir uns gemeinsam zur Ruhe.

IM PARK

Am nächsten Tag stand ich erwartungsvoll auf und nahm die versprochene Dusche. Beim Frühstück sagte Salim plötzlich, die Fahrt würde auf morgen verschoben ``Farda Piranshar``, sagte er. Ich kannte den Grund nicht, aber ich hatte schon, auch in der Türkei, gelernt, dass Planungen in Kurdistan nie feststehend sind und Änderungen jederzeit vorkommen können. So nahm ich die Nachricht gelassen hin. Es würde auch so ein schöner Tag werden. Shirin war am Vormittag wieder mit der allgemeinen Hausarbeit beschäftigt. Sie war die Familienmanagerin, und sie nahm ihre Sache sehr ernst. Gewissenhaft hielt sie das Haus penibel sauber, sorgte für die vielen Haupt-und Zwischenmahlzeiten, hielt den Samowar in Gang und sorgte auch sonst für das Wohlergehen ihrer Familie und der zahlreichen Gäste. Als sie sich anschickte, im Haus die Teppiche abzusaugen, bot ich ihr an, ihr diese Arbeit abzunehmen. Sie ließ mich gewähren, nicht ohne sich zu vergewissern, dass ich meine Aufgabe auch ordentlich erledigte. Mit der Fugendüse des Staubsaugers mussten die Ritzen zwischen Wand und Teppich genauestens ausgesaugt werden, erst dann durfte ich die großen Flächen bearbeiten. Shirin bot mir auch an, meine schmutzige Wäsche zu waschen. Dazu stand eine große Waschmaschine zur Verfügung. Bei meinem ersten Besuch hatte sie noch ungenutzt im Badezimmer gestanden, jetzt war sie in der inzwischen besser eingerichteten Küche angeschlossen. Nachdem die Wäsche fertig war, hängte ich alles im Hof zum Trocknen auf. In der Hitze des Sommers würde in ein paar Stunden alles trocken sein. Der Sommer war großartig hier. Jeden Tag die gleiche strahlende Sonne und ein wolkenloser blauer Himmel. Ich freute mich, viel Zeit im Freien verbringen zu können. Allerdings war es angeraten sich im Schatten aufzuhalten, hier war es sehr angenehm. Ich machte mir jedoch wie bei meinem ersten Besuch auch Gedanken, wie sich das Leben hier im Winter abspielte. Dann wurde es sehr kalt und es gab auch Schnee. Wie war es dann, immer über den Hof zu müssen, um die Küche und die Toilette zu erreichen? Wie Mapera mir erklärte, waren die notwendigen Installationen dafür vorgesehen, eine Zentralheizung gab es jedoch nicht. Wie sah Mahabad im Winter aus? Wurde der Schnee dort geräumt wie hierzulande? Diese Fragen beschäftigten mich, hatte ich bisher doch nur die Sonnenseite des Lebens im Iran erlebt, den Sommer, nach dem ich mich so sehnte und den ich in Deutschland oft so schmerzlich vermisste.

Am Nachmittag fuhr ich mit Shirin und ihren Töchtern Kauzar und Kujestan zu dem großzügigen Park der Stadt, in dem ich am Freitagabend schon kurz gewesen war. Mit reichlich Eis ausgerüstet, dass diesmal zwischen zwei Waffeln lose angeboten wurde, suchten wir uns einen schönen Platz in den Anlage nahe der Wasserspiele und nahmen auf dem Rasen Platz. Dort ließen wir uns das Eis schmecken. Mit Kujestan unternahm ich dann noch einen Bummel durch die Anlagen. Wir gingen auch auf die Brücke über den Fluss, wo man einen schönen Ausblick hatte. Der Park war auch heute gut besucht. Immer wieder drängte sich mir der Eindruck auf, dass die Menschen hier mehr Zeit hatten für gemeinsame Unternehmungen als in Europa. Auch für gegenseitige Besuche fand sich immer Zeit, und das Teetrinken kam nie zu kurz. Mir erschien das Leben hier weniger hektisch als im kalten Deutschland. Auch hier musste für den Lebensunterhalt gearbeitet werden, die Hausfrauen waren weit mehr mit der täglichen Hausarbeit beschäftigt als bei uns, und trotzdem war etwas anders. Es blieb einfach mehr Zeit für Gemeinsamkeiten, die Mahlzeiten, die hier eine große Rolle spielten, waren ein Beispiel dafür.

Es wurde Zeit nach Hause zu fahren. Wir bummelten zu viert noch etwas am Fluss entlang bis zur Hauptstrasse. Kauzar,hochschwanger, hatte Schwierigkeiten beim Laufen. So rasteten wir ein paarmal und genossen den Ausblick auf den Fluss mit den Wasserspielen. An der Hauptstraße hielten wir ein Taxi an und fuhren nach Hause. Daheim wurde schnell das Abendessen vorbereitet. Es gab heute ein vergleichsweise einfaches Gericht, Reis mit Hähnchenfleisch, aber nicht weniger schmackhaft als die aufwendigeren Gerichte. Salim, der neben mir Platz genommen hatte, legte mir wieder die besten Fleischstückchen auf den Teller, was mich ein wenig beschämte. Aber es hatte keinen Sinn, sich zu wehren. Veyzar und sein Freund kamen wieder später nachhause und gesellten sich zu uns. Nochmal wurde die morgige Reise durchgesprochen. Shirin und ich sollten mit dem Bus nach Piranshar fahren. Ich begrüßte die Idee durchaus. Man wollte mir als Gast schließlich etwas bieten. Es war Salim sichtlich unangenehm, von mir Geld annehmen zu müssen. Es hätte mir nichts ausgemacht, einen Mietwagen mit Fahrer zu mieten, doch auch die Aussicht auf eine Busfahrt fand ich spannend Also freute ich mich auf den nächsten Tag.

PIRANSHAR

Am nächsten Morgen nach dem Frühstück sollte es wirklich losgehen. Ausgestattet mit “Manteau“ und Kopftuch, Shirin im Tschador (dem großen Schleier, der Kopf und Körper verhüllt und unter dem Kinn zusammengehalten wird), so fuhren wir zum Busbahnhof. Salim begleitete uns. Er steuerte jedoch nicht auf die Busse zu, sondern verschwand in einer Art Büro, vor dem PKW parkten. Als er wieder herauskam, wies er uns zu einem der Fahrzeuge, das mit Fahrer vor dem Gebäude wartete. Wir würden also doch mit dem Auto fahren, und Salim hatte offenbar, zumindest die Hinfahrt, bezahlt. Mir war es gar nicht recht, aber es war eine typisch kurdische Überraschung. Wir verließen Mahabad in südwestlicher Richtung. Die Fahrt verlief ruhig und war sehr interessant. Wir durchquerten einige Kleinstädte und fuhren dann durch bergiges Gelände. Die Ausblicke waren sehr schön. Unterwegs hielten wir an einer Tankstelle, dort spendete eine Art Brunnen frisches Trinkwasser, und erfrischten uns. Die Landstraße war gut ausgebaut. Nach etwa 1,5 Stunden erreichten wir Piranshar. Auch hinter Piranshar erheben sich hohe Berge, die bereits die Grenze zum Irak bilden. Das Haus von Safia´s Schwester Asmar liegt gleich an der Einfallstraße ins Zentrum der Stadt. Wir klingelten an einem Hoftor und wurden eingelassen. Asmar begrüßte uns herzlich mit der typischen Umarmung und wir wurden durch den großzügigen Innenhof ins klimatisierte Haus geführt. Auch hier, im großen Wohnzimmer des Hauses, gab es Sitzmöbel, doch wir nahmen nach kurdischer Sitte auf dem Teppich Platz. Nach kurzer Unterhaltung wurde Tee gereicht, dann kam Fereshte, Asmars Tochter, herein. Sie war noch genauso schön wie ich sie in Erinnerung hatte und trug ein wunderschönes schwarzes Kleid. Ich beeilte mich aufzustehen, und sie begrüßte mich stürmisch. Ihre Umarmungen wollten kein Ende nehmen, sie schien sehr glücklich zu sein, mich wiederzusehen. Ich war es ebenfalls. Bei meinem ersten Besuch war ich an der Seite dieser jungen Frau sehr glücklich gewesen. Ich "musste" damals zwei Tage in Piranshar bleiben, gegen den Protest von Salim´s Familie und obwohl ich nur meine Handtasche dabei hatte. Es waren zwei wunderbare Tage gewesen mit einem herrlichen Picknick - Ausflug in die Berge. Dort, in der unberührten Natur, hatte ich mich an Fereshtes Seite sehr frei gefühlt. "Die Kurden sind so stark wie diese Berge", hatte sie damals gesagt, und ich konnte diese Aussage nachvollziehen. Ich erinnerte mich an all das, an unsere Gespräche, die Fragen des Glaubens ebenso berührt hatten wie die Probleme der sunnitischen Kurden. Es hatte auch fröhliche Momente gegeben, als sie mir zeigte, wie man kleine flache Steine über das Wasser springen lässt oder wir uns gegenseitig Vokabeln beibrachten. Fereshte spricht gutes Englisch, wir hatten keine Sprachbarriere und waren uns wahrscheinlich auch deshalb besonders nahe gekommen. Jetzt erkundigte sich Fereshte nach meinem Wohlergehen und natürlich nach Safia, Hanna und Karim. Nach kurzer Zeit drängte sie darauf, gemeinsam zum Bazar zu gehen. Wir fuhren ein Stück mit dem Auto ins Zentrum und bogen dann zu Fuß ab in die Gassen des Bazars. Hier gab es an offenen Ständen ein großes Angebot von Waren aus aller Welt. Dahinter folgten kleine Geschäfte und auch eine kleine Ladenpassage. Ich äußerte meinen Wunsch, für Kauzar´s Baby etwas kaufen zu wollen und wir fanden tatsächlich einen Laden für Kindersachen. Ich suchte einen kleinen Strampelanzug mit Mützchen aus. Die Packung wurde mir sogar als Geschenk eingepackt. In einem anderen Lädchen fand ich ein hübsches Armband als Geschenk für Hanna, das mir in einem kleinen roten Beutelchen überreicht wurde. Fereshte interessierte sich dann für Sonnencremes, und ich hätte ihr gerne eine gekauft. Cremes mit hohem Lichtschutzfaktor sind eine der Neuerungen im Iran, denn die jüngeren Frauen legen viel Wert auf ihr Äußeres. Dazu muss angemerkt werden, dass im Iran helle Haut als Schönheitsideal gilt. Während ich in Deutschland regelmäßig das Solarium besuche, um gebräunt zu sein, meiden die Iranerinnen die Sonne. Leider konnte ich mich mit meinem Wunsch, eine Sonnencreme für Fereshte zu kaufen, nicht durchsetzen. "They are not original", sagte Fereshte. Das konnte ich nicht nachprüfen, hatte jedoch den Verdacht, dass sich Fereshte nichts schenken lassen wollte. Ich bedauerte das sehr, denn gerne hätte ich meine Dankbarkeit ausgedrückt, dass ich in ihr eine Freundin gefunden hatte. Und sie kaufte auch noch etwas für Safia. Schließlich beschlossen wir, zu Fuß zurück zum Haus zu gehen. Fereshte meinte, es wäre nicht weit, doch es war ein recht langer Weg an der Hauptstraße entlang. Er gab jedoch auch interessante Einblicke in allerlei Geschäfte und Werkstätten. Zuhause waren jetzt auch Fereshtes Brüder und Asmars Ehemann anwesend und es wurde alles für das Mittagessen hergerichtet. Die Männer bekamen ihren "Tisch" in einem Nebenzimmer gedeckt, während wir Frauen im Wohnzimmer aßen. Es gab ein ausgezeichnetes Mahl aus Hähnchen Fleisch, Bohnen –und Tomatengemüse sowie knusprigen Kartoffelchips, dazu den hervorragenden "pirinc" und "dugh", das erfrischende Joghurt -Getränk. Auch hier wurde ich aufgefordert, reichlich zu essen und vergaß nicht, die Kochkünste der Hausfrau zu loben. Nach dem Essen blieb ich mit Fereshte und ihren Brüdern im Wohnzimmer sitzen, bei einem Glas Tee, während Fereshtes Vater wieder zur Arbeit ging und Shirin sich zum Schlafen zurückzog. Auch mir wurde ein Mittagsschlaf angeboten, doch ich wollte keine Minute an Fereshtes Seite versäumen. Diesmal bleib mir nur dieser eine Tag für den Besuch, was ich sehr bedauerte, denn ich fühlte mich hier genauso willkommen und angenommen wie in Mahabad. Wir sprachen über alles Mögliche.Unter anderem erzählte mir Fereshte, dass sie regelmäßig Fitness betriebe, um ihren Körper in Form zu halten. Auch das war erstaunlich. Während die älteren Frauen noch immer eine gewisse Beleibtheit für erstrebenswert hielten und mich viel zu dünn fanden, achteten die Jüngeren durchaus auf ihre Figur. Ich fragte auch hier nach dem Benzinpreis. ´´100 Toman für einen Liter ´´, meinte Fereshte. das wären nur etwa 10 Cent. Mapera hatte von einem Euro gesprochen. Ich verstand diesen Widerspruch nicht. und beschloss in Mahabad noch einmal mit Salim darüber zu sprechen. Schließlich drängte Shirin zum Aufbruch, viel zu früh, wie ich fand. Natürlich wurde ich bedrängt zu bleiben und ich hätte diesem Wunsch gerne Folge geleistet. Doch diesmal war ich mit Shirin allein gekommen, und ich konnte sie unmöglich alleine zurückfahren lassen. Außerdem gab es morgen in Mahabad noch eine Einladung zu einer Hochzeit und übermorgen wollten wir nach Gagasch fahren, das konnte ich nicht verpassen. Ich wäre diesmal spät gekommen, sagte Fereshte zurecht. Schließlich versprach ich ihr, bei meinem nächsten Besuch im Iran zuerst nach Piranshar zu kommen. Nur so konnte ich sie überzeugen, mich nun gehen zu lassen. Dabei hatte Fereshte noch so viel mit mir vor, ihren Ehemann sollte ich kennenlernen, ihr Haus sehen und die größte Moschee in Piranshar. Schweren Herzens nahm ich Abschied. Wann würde ich das nächste Mal wiederkommen? Shirin und ich wurden zu einer kleinen Busstation gebracht, doch Shirin suchte uns wieder ein Auto mit Fahrer für den Heimweg. Wenigstens durfte ich diesmal die Kosten übernehmen. Die Rückfahrt verlief genauso problemlos wie der Hinweg, Shirin war müde, ich hingegen konnte mich nicht sattsehen an der Landschaft und versuchte jedes Detail dieses Landes aufzunehmen. Gegen Einbruch der Dunkelheit trafen wir in Mahabad ein. Zu Hause mussten wir sogleich alle Einzelheiten von unserer Reise berichten und natürlich unsere Einkäufe vorzeigen. Es wurde alles eingehend begutachtet. Ich überreichte Kauzar ihr schön verpacktes Geschenk, sie öffnete es und freute sich riesig. Endlich und nur auf diesem Umweg hatte ich es geschafft, ihr auch etwas zu schenken. Alles andere hatte sie zuvor abgelehnt. Es gab heute nur ein kaltes Abendbrot, jedoch mit ganz warmem Fladenbrot. Außer den großen, hauchdünnen Brotfladen gab es im Iran auch noch ein etwas dickeres, rundes Brot, dass etwas dem türkischen Fladenbrot ähnelte. So frisch gebacken war es einfach köstlich. Nach dem Essen saß ich allein mit Salim bei einem Glas Tee. Ich sprach nochmal das Benzinthema an, das mir nun immer noch unklar war. Er erklärte mir ganz langsam und geduldig, dass das staatliche Benzin 100 Tuman koste, auf dem Schwarzmarkt erhältliches Benzin hingegen 1000 Tuman, also etwa 1 Euro. Jetzt verstand ich die Problematik und die Schwierigkeiten der Bevölkerung mobil zu bleiben. Shirin, Kauzar und Kujestan gesellten sich zu uns. Dann erschien Shirin´s Schwester. Sie brachte allerlei Zubehör für Baby –Bettzeug mit. Das Kissen und der Bezug mussten noch bezogen werden. Also holte Shirin die Nähmaschine, die auf dem Boden stand und mit einer Handkurbel betrieben wurde. Ohne viel zu messen und abzustecken, wurde sehr geschickt der Stoff zugeschnitten und im Handumdrehen Bezüge gefertigt. Immer wieder bewunderte ich die praktischen Fähigkeiten der kurdischen Frauen. Was wurde hier nicht alles mit einfachen Mitteln handgefertigt. Salim´s Schwester Zeynab konnte auch so wunderbar handarbeiten, Wolle selbst spinnen, stricken und Bänder flechten. All dies ohne Schnitte und Vorlagen, wie es hierzulande üblich war, sondern vielmehr aus dem Stehgreif, so ganz nebenbei. Es war verblüffend. Und trotz aller Arbeit waren die Frauen von grosser Gelassenheit und Fröhlichkeit. Wieder war ein ereignisreicher Tag zu Ende, und ich dachte das erste Mal an meinen baldigen Abschied. Nur noch wenige Tage waren mir verblieben, und es würde mir wie beim ersten Mal schwerfallen, die mir so vertrauen Menschen zu verlassen und in mein deutsches Leben zurückzukehren. Doch ich war auch müde nach diesem langen Tag, deshalb blieb mir nicht viel Zeit, mir über den bald bevorstehenden Abschied Gedanken zu machen. Ich schlief schnell ein, in diesen tiefen, traumlosen und so erholsamen Schlaf, wie ich ihn nur in Kurdistan erlebte.

NOCH EINE HOCHZEIT

Auch heute erwachte ich gut erholt und froh gelaunt. Am Abend war die Familie wieder zu einer Hochzeit eingeladen. Deshalb gab es für den Tag kein besonderes Programm. Ich durfte wieder duschen, was ich wie jedes Mal sehr genoss. Nach dem Frühstück blieb ich bei Shirin in der Küche, wo sie schon wieder das Mittagessen vorbereitete. Später folgte ich Kujestan ins Haus, wo wir vor dem Fernseher Platz nahmen. Für mich war es interessant, mir einen Überblick über die Vielfalt der dank Satellit zu empfangenden Sender verschaffen zu können. Leider konnte ich nur die Bilder verfolgen, der Zugang zur Sprache blieb mir verwehrt Kujestan bevorzugte Sendungen, die Videoclips brachten. Es gab kurdische Sender, die musikalische Programme brachten, und persische Sender aus dem Ausland, die sehr modern und westlich anmutende Musik –Beiträge boten. Während die kurdischen Songs oft mehr folkloristischen Charakter hatten und von wunderschönen Naturaufnahmen untermalt wurden, war dieses persische Liedgut sehr progressiv, begleitet von für dortige Verhältnisse sehr freizügigen und glamourösen Bildern. Beides hatte durchaus seinen eigenen Klang, manchmal so nah und doch weit entfernt von amerikanischem Pop. Mir liegt diese Art der Musik sehr, und ich versäume in keinem Urlaub, Kassetten oder CD s zu erwerben, die mich zuhause an die Länder meiner Träume und die lieben Menschen, die ich dort weiß, erinnern. Nach dem ausgezeichneten und sehr reichhaltigen

Mittagessen durfte ich heute wieder etwas ruhen, eine besondere Bevorzugung, die mir als Gast zuteil wurde. Ich liebte es, mich ausgestattet mit einem bequemen Kopfkissen, auf dem Teppich auszustrecken und vor mich hin zu träumen. Es waren sorgenfreie Stunden, in denen ich mich sehr geborgen und gut aufgehoben fühlte. Nach einiger Zeit wurde ich von Shirin wieder ins Leben zurückgerufen. Sie wollte einige Besorgungen in der näheren Umgebung des Hauses machen und wie immer angekleidet gingen wir los. Auch in der Nähe, zu Fuß gut zu erreichen, gab es Läden und Verkaufsstände, die Lebensmittel, Gegenstände des täglichen Bedarfs, Kleidung und vieles andere anboten. Es gab frisches Obst und Gemüse, vor allem dabei auffällig die dicken Bündel duftender Kräuter, der "sabzi", die zu fast keiner Mahlzeit fehlen dürfen. Ich sah auch eine Schlachterei und eine Bäckerei, wo es das stets frisch gebackene Fladenbrot gab. Zweifellos ging Shirin hier einkaufen, wenn sie nach dem Frühstück verschwand und mit prall gefüllten Tüten wiederkam, mit allem, was sie für den Tag brauchte. Das tägliche Einkaufen stellte die Frische der daraus zubereiteten Speisen sicher, was wohl auch ein Grund für den besonderen Wohlgeschmack war. Schließlich holten wir den Reiskochtopf für Safia ab. Jetzt bekam ich Schwierigkeiten mit meinem großen Geldschein, den der Inhaber des kleinen Geschäftes, das ausschließlich Töpfe anbot, nicht wechseln konnte. Shirin musste mir den Kaufpreis, umgerechnet etwa 20 Euro, vorlegen, was mir sehr unangenehm war. Wir beschlossen, noch zum Bazar zu fahren, um mein Geld zu wechseln. Doch die Banken waren bereits geschlossen. Ich sprach die Chefs mehrerer Geschäfte an, doch vergeblich, und mir wurde schon sehr unwohl. Ungewechselt war mein ganzes Geld nichts wert. Schließlich steuerte Shirin auf einen Stoffladen zu, dessen Inhaber sie offenbar kannte. Hier hatten wir endlich Glück. Der Mann zählte und zählte kleine Scheine und überreichte mir schließlich zwei dicke Bündel, nicht ohne mich zu ermahnen, das Geld gut in meiner Handtasche zu verstecken und die Tasche gut zu bewachen. Ich fühlte mich in den Straßen Mahabad´s sehr sicher und hatte wenig Bedenken, nahm aber trotzdem seine Mahnung ernst. Schließlich wieder zuhause, beglich ich Shirin als erstes meine Schuld. Dann versteckte ich eines der Bündel in meiner kleinen Reisetasche, die ich immer als Handgepäck mit mir führte. Mir wurde auch klar, dass ich das ganze Geld in den verbliebenen Tagen nicht mehr würde ausgeben können. Ich hatte zu viel Geld getauscht, hatte den Unterschied im Preisniveau des Landes unterschätzt. Meine Taschen waren schon voller Geschenke und Mitbringsel, und ich hatte noch nicht viel ausgegeben. Jetzt war keine Zeit, länger über dieses Problem nachzudenken, denn es war an der Zeit, sich für die Hochzeit umzukleiden. Wieder wurde von uns Frauen Veyzar´s Zimmer als Umkleideraum benutzt. Auch diesmal brauchte ich Hilfe, um mein Gewand anzulegen. Wie immer wurde mir gerne Unterstützung gewährt, und auch ich konnte mich mit einigen Handreichungen nützlich machen. Während ich immer das gleiche grüne Kleid trug, hatten die anderen Frauen für jeden Anlass ein anderes Kleid parat. Kujestan war besonders schick in einem schwarzen Spitzen- Kleid, auf dem sie ihren Goldschmuck befestigte. Alle kurdischen Frauen im Iran besitzen Gold in Form von auf Ketten aufgereihten Goldmünzen. Es wurde mir auch Schmuck in Form einer großen, schweren Münze an einer Kette gezeigt. Diese Werte waren das Vermögen der Frauen und wurden bei Hochzeiten gerne zur Schau gestellt. Auch diesmal gab es wieder eine Diskussion darüber, ob ich meinen "manteau" mitnehmen musste, und Salim setzte sich diesmal mit seiner Meinung durch, ich sollte den Mantel besser tragen. Zwar war der Mantel über dem Kleid etwas unbequem, aber ich fühlte mich doch sicherer bei der Fahrt durch die Stadt. Ich begleitete Shirin und Kujestan diesmal zu einem anderen Hochzeitssalon. Auch hier spielte sich das Geschehen in einem Hof im Freien ab, der von Gebäuden umgeben war. Das Brautpaar hatte bereits auf einer Empore in der Mitte des Hofes Platz genommen, und es wurde gratuliert. Die Live-Musik spielte und eine lange Reihe von Tanzenden bewegte sich rhythmisch über den Platz. Wir suchten uns Plätze in der Abteilung der Frauen und beobachteten zunächst das Geschehen. Es wurden einige Photo´s gemacht, und schließlich nahm Kujestan mich wieder mit zum Tanzen. Mein Tanz war nicht so sicher wie der der Einheimischen, trotzdem fühlte ich mich einbezogen. Nach einigen Runden fühlte ich mich jedes Mal erschöpft oder meine Schärpe begann zu rutschen, ich brauchte dann jedesmal eine Pause. Nach geraumer Zeit verstummte die Musik und es gab das Signal zum Abendessen. Die Frauen erhoben sich von ihren Plätzen und strömten dichtgedrängt in den ersten Stock eines der Gebäude. Dort waren lange Tischreihen eingedeckt. Nachdem wir freie Plätze gefunden hatten, begann sogleich das Essen. Auf den Tischen stand bereits eine wohlriechende Suppe und frischer Salat. Alle griffen mit gutem Appetit zu. Nach der Suppe wurden Teller mit Kebab und Reis gereicht, als Getränk gab es Cola. Das Essen war sehr schmackhaft, kam jedoch nach meinem Geschmack nicht an Shirin` s Selbstgekochtes heran. Ich schaffte meine große Portion nicht ganz, obwohl ich mehrfach aufgefordert wurde, weiter zu essen. Nach dem Essen geschah etwas für mich überraschendes. Viele der jüngeren Frauen, auch Kujestan, zogen aus ihren Handtaschen Schminkutensilien hervor und frischten völlig ungeniert das sorgfältige und kräftige Make –up auf. Ich habe zwar auch immer Schminksachen in meiner Handtasche bei mir, aber es war nicht mein Fall, mich jetzt hier in aller Öffentlichkeit nachzuschminken. Also beließ ich es, ich konnte sowieso nicht mit dem verblüffend guten Aussehen vieler Frauen konkurrieren. Schließlich erhoben sich alle und drängten zurück in den Hof. Die Musik setzte wieder ein, und es wurde weiter getanzt. Zwischendurch wurde Tee gereicht und das wohlschmeckende Rosen-Eis. Hellhörig wurde ich, als bei einer Ansage mein Name fiel. Ich wurde tatsächlich als Gast aus Deutschland begrüßt. Dann wurde ich mehr oder weniger direkt aufgefordert, ein Hochzeitsgeschenk in Form eines Geldbetrages zu geben. ´´Pul, pul ``,Geld, sagte Shirin, und ich kramte schnell in meiner Tasche und zog ein paar Geldscheine hervor. Wie viel würde angemessen sein? Was Shirin mir riet, war nicht viel, und ich gab es gerne. Die Situation war etwas stressig und peinlich gewesen, und ich war froh, als wir bald darauf aufbrachen. Auch diese Feier war sehr schön gewesen, doch am wohlsten hatte ich mich bei Veyzar,s Verlobung gefühlt, im Kreis der Familie und in der Geborgenheit des Hauses. Dieses so ausgelassene, fröhliche und gar nicht formelle Fest würde für mich unvergesslich bleiben. Wie immer gingen wir zuhause nicht gleich schlafen, sondern es gab noch ein Glas Tee. Es war mein Job geworden, die letzte Runde der Teegläser abzuspülen, und erst dann ging es ins Bett. Ich erwartete ungeduldig den nächsten Tag, den Ausflug nach Gagasch.

GAGASCH

Heute sollte ein besonders schöner Tag für mich werden. Wir würden nach Gagasch fahren, in Salim s Heimatdorf in den Bergen Kurdistans. Ich freute mich sehr auf diesen Ausflug. Gleich nach dem Frühstück gab ich Salim das Geld für einen Jeep mit Fahrer, der uns in die Berge bringen würde. Es waren umgerechnet gerade Mal um die 30 Euro. Ich fand das nicht viel, aber im Iran war es sehr teuer. Salim, Shirin und Kujestan würden mitkommen. Schon bald stand der Jeep vor dem Hoftor. Er wurde noch mit allem möglichen beladen, dann konnte die Fahrt losgehen. Ich durfte neben Salim auf dem Vordersitz Platz nehmen, Shirin und Kujestan saßen hinten, was ziemlich unbequem war, wie ich noch feststellen sollte. Wir verließen Mahabad am Stausee vorbei, der mich an das herrliche Picknick erinnerte. Nach etwa 45 Minuten Fahrt verließen wir die Hauptstraße. Wir bogen rechts über eine kleine Brücke ab auf eine nicht asphaltierte, aber doch befestigte Straße. In Kurven ging es nun hinauf in die Berge. Die Landschaft wurde immer grandioser. Die Berge hier sind baumlos, aber trotzdem sehr eindrucksvoll. Nach einer Weile tauchten die ersten Dörfer auf, kleine Ansammlungen von Häusern aus Natursteinen mit erdgedeckten Flachdächern. Im ersten Moment stellte ich mir wieder die Frage, wie man hier leben konnte. So war es mir vor vielen Jahren in der Türkei, wo die Dörfer ähnlich aussehen, auch gegangen. Doch ich hatte ja mehrfach erlebt, wie die Menschen dort leben, ich hatte sie und ihr Leben schätzen und lieben gelernt. Der Lebensstandard ist ein ganz anderer, die Arbeitsstrukturen sind sehr verschieden von unseren, doch obwohl diese Menschen nur wenig haben, wirken sie froh und gelassen. Ihre Gastfreundschaft und ihre Herzlichkeit gegenüber Gästen sind unvergleichlich. Sie sind stets bereit zu geben und die Türen stehen offen. Während ich noch so in meine Gedanken versunken war, sagte Salim nur "Gagasch" und tatsächlich, hinter einer Kuppe tauchte linkerhand das stattliche Dorf auf, eine ansehnliche Ansammlung von Häusern an einem flachen Hang gelegen. Wir fuhren eine Böschung hinab, durchquerten eine Furt und hielten schließlich am Rand des Dorfes vor einem Haus. Hier wurde einiges aus dem Jeep ausgeladen. Dann setzten wir unseren Weg fort. Die Fahrt ging über einen sehr unebenen Feldweg, und wir verdankten es der Geschicklichkeit des Fahrers, dass der Wagen nicht umkippte oder steckenblieb. Am Ende des Weges hielten wir an und stiegen aus. Hier unten im Tal war die Landschaft überraschend grün und es gab auch vereinzelte Bäume. Hoch am Berg sahen wir schon das einzelne Haus, eine Art Sommeralm, wo wir auch beim letzten Besuch gewesen waren. Wir erklommen den Berghang zu Fuß, wurden am Haus herzlich begrüßt und hinein gebeten. Das Haus besteht aus zwei kleinen Räumen und einer Küche. Salim verschwand mit ein paar Männern in einem der Zimmer, wir Frauen wurden in das andere geführt. Natürlich wurden wir bewirtet, erst mit Tee, dann mit einem leckeren Essen aus Reis und Lammfleisch, dazu die besonders aromatischen Minigurken aus Gagasch. Nach dem Essen, es hatte natürlich nochmal Tee gegeben, wollte Shirin etwas ruhen und wir streckten uns in dem kleinen Raum aus. Ich schlief nicht, sondern genoss die ganz besondere Atmosphäre dieses Ortes. Ein einsames Haus mitten in den Bergen Kurdistans, der entlegenste Ort der Welt, den ich mir vorstellen konnte, und ich war nun schon zum zweiten Mal dort. Durch den Raum strich sanft ein warmer Wind, und von nebenan hörte man die Unterhaltung der Männer. Davon abgesehen war alles ruhig und friedvoll. Ich stellte es mir sehr schön vor, hier die Sommermonate zu verbringen, so frei und unabhängig. Nach einiger Zeit betrat Kujestan das Zimmer und bedeutete mir, mit nach draußen zu kommen. Sie wollte mir etwas zeigen. Direkt unter der Eingangsstufe in den Raum hatte ein Huhn sein Nest. Es gab auch Küken, ich durfte eines in die Hand nehmen, und es wurde ein Foto gemacht. Dann gingen wir zur Wasserstelle. Dort ergoss sich herrlich frisches Wasser in kräftigem Schwall aus einem dicken Wasserschlauch in eine Vertiefung des Bodens. Der Wasserschlauch führte bis zu einem Unterstand, wo das Frischwasser mittels eines Motors aus der Tiefe gefördert wurde. Auch zum Toilettengang begleitete mich Kujestan. Eine eigene Toilette hatte dieses Haus nicht, wir entfernten uns einfach, ausgerüstet mit einem Wasserkännchen, bis außer Sichtweite des Hauses und ließen uns dort nieder, um uns herum nur Natur, diese besonders erhabene Natur Kurdistans. Wir schlenderten noch ein wenig umher, dann kehrten wir zurück zur Wasserstelle, wo wir mit blitzsauberer Seife unsere Hände wuschen und uns erfrischten. Eine der Frauen zeigte mir den Unterstand, und führte mir vor, wie das Wasser gefördert wurde. Ein Motor stand dort, und sie kurbelte ihn mit kraftvollen Bewegungen an. Schon sprudelte wieder das Wasser. Ob es das in Deutschland auch gäbe, fragte sie. Ich verneinte, ich hatte so etwas zumindest zuvor noch nie gesehen. Zu selbstverständlich ist für uns der Dreh am Wasserhahn, und schon hat man frisches Leitungswasser. Ob es jedoch auch so frisch ist wie das Wasser aus der Tiefe der kurdischen Berge? Wir bewegten uns hier draußen ohne ´´Manteau´´ und auch die Frauen hier tragen weder Tschador noch Mantel, sondern die typische Kleidung der Dörfler. Die typischen kurdischen Pluderhosen werden über einfache Baumwollblusen getragen, dazu Kopftuch und festes Schuhwerk. Die Frau, die mir den Brunnen gezeigt hatte, trug zudem über ihrem Kopftuch noch einen breitkrempigen Hut, was ihr einen etwas verwegenen Ausdruck gab. Kosmetik und Make Up wie in der Stadt suchte man hier vergeblich. Die Männer halten an ihrer kurdischen Tracht fest, während in der Stadt lange Hosen und kurzärmelige Hemden weit verbreitet sind. Schließlich saßen wir noch etwas im Schatten des Hauses zusammen, dann hieß es Abschied nehmen. Scherzhaft fragte einer der Männer, ob wir nicht übernachten wollten, und Shirin wies lachend auf meine Vorliebe für morgendliches Duschen hin. Wenn man mich gefragt hätte, ich hätte das Angebot dortzubleiben entgegen aller Vernunft angenommen. So mussten wir nun nach gebührlicher Verabschiedung wieder den Abhang hinabsteigen, um zum Jeep zu gelangen. Kujestan nahm mich bei der Hand und ich war ihr sehr dankbar dafür. Da noch ein Mann mit ins Dort fuhr, der natürlich neben Salim Platz nehmen durfte, saß ich nun mit Shirin und Kujestan hinten im Jeep, der wieder gut beladen war, sodass wir kaum Platz für unsere Beine hatten. Wir wurden ordentlich durchgerüttelt, ich musste mich gut festhalten und bewunderte wieder die Künste unseres Fahrers. Im Dorf hielten wir erneut vor einem Haus, stiegen aus und wurden hinein gebeten. In der Diele nahmen wir Platz. Auch hier stand in einer Ecke des Raumes ein Samowar, und es wurde uns Tee angeboten. Die Männer hatten noch etwas zu besprechen. Ich erinnerte mich an meine Urlaube, die ich bei meiner Freundin in der Türkei verbracht hatte, in einem wunderschönen Dorf, in einem vergleichbaren Haus. Es kam mir manchmal alles unwirklich vor, und doch war ich glücklich gewesen. Bald hieß es aufbrechen, wir mussten zurück nach Mahabad. Gerne wollte ich Shirin vorn im Wagen bei Salim sitzen lassen, doch sie lehnte dieses Angebot entschieden ab. Also bekam ich wieder den guten Platz vorne im Jeep. Für mich hieß es Abschied nehmen von einer fremden Welt, die mir doch zugleich vertraut war. An der grandiosen Bergwelt konnte ich mich auch auf der Rückfahrt nicht sattsehen. Irgendwann erreichten wir wieder die asphaltierte Hauptstraße. Nun war es nicht mehr weit bis Mahabad. Noch vor Einbruch der Dunkelheit trafen wir dort ein, zurück in der Zivilisation. Shirin ging es leider schlecht. Sie hatte Magenschmerzen, vielleicht von dem Gerüttel der Fahrt. Ich bereute, dass ich mich nicht durchgesetzt hatte mit meiner Bitte, sie solle auf der Rückfahrt vorne sitzen. Erstmal war ich mit meinen schmutzigen Füssen in der Küche nicht gerne gesehen. Ich hatte diesem Umstand keine Bedeutung geschenkt. Doch Shirin nötigte mich, meine Füße zu waschen und ich tat dies an der Wasserstelle im Hof. Dann übernahm ich gerne die Rolle der Gastgeberin, schnitt Melone auf und kochte Tee, damit Shirin sich ausruhen konnte. Es gab auch noch ein Abendessen, doch Shirin quälte sich. Schließlich lag sie lang gestreckt in der Küche auf dem Fußboden. Ich riet ihr, gleich ins Bett zu gehen, aber sie blieb doch noch auf. Wenigstens übernahm ich das Abwaschen des Geschirrs und servierte den Tee. Mit Kujestan machte ich die Betten fertig, und wir gingen dann auch bald schlafen. Es war ein langer, sehr schöner Tag gewesen.

MAPERA´S ABSCHIED

Der vorletzte Tag meines Aufenthaltes in Mahabad brach an. Bereits wehmütig stand ich morgens nochmals unter der Dusche. Meine Gedanken waren bei Shirin, dieser fleißigen Familienmanagerin, die meinen Hang zum Duschen so belächelte und mich trotzdem, wie alle hier, großzügig gewähren ließ. Trotz der kulturellen Unterschiede verstanden wir uns sehr gut. Shirin dachte auch schon schweren Herzens an meinen bevorstehenden Abschied. Überhaupt war man hier der Meinung, zwei Wochen Besuch wären viel zu wenig, beim nächsten Mal müsste ich mindestens vier bis fünf Wochen bleiben. Gerne wäre ich schon diesmal diesem Wunsch nachgekommen, doch in Deutschland warteten berufliche Pflichten. Bald nach dem Frühstück brach ich mit Salim´s Mutter und Zeynab auf zu dem Haus von Mapera´s Mutter. Mapera würde bereits heute abreisen und Menschen waren dort versammelt, um Abschied zu nehmen.In der Küche waren mehrere Frauen emsig am Werk. Zum Mittag wurde eine große, festliche Tafel, wie immer auf dem Fußboden, hergerichtet und es gab ein opulentes Mittagsmahl, mit einer besonders schmackhaften "Dokleu" als Vorsuppe und einer üppigen Hauptmahlzeit. Chadidsche war nach dem Mittagessen sehr traurig, musste sie doch Abschied nehmen von ihrem Enkel Shaho. Sie weinte und wollte ihn gar nicht aus ihren Armen lassen. Doch schließlich kam Mapera mit gepackter Tasche. Sie musste zum Flughafen. Alle verabschiedeten sich, viele Augen wurden feucht, und es wurde lange gewinkt, als der Wagen mit Mapera und Shaho davon fuhr. Wir Zurückgebliebenen tranken noch einen "chai", dann fuhr ich mit Zeynab und Chadidsche auch nach Hause. Ich begleitete die beiden in ihre Wohnung, wir saßen zusammen, sahen fern und versuchten uns ein wenig zu unterhalten. Chadidsche betete viel und sie hörte nicht auf, sich über die Regierung zu beschweren. Mit ihrer Meinung stand sie nicht alleine, von ihrem Sohn Salim und auch anderen Personen hatte ich ähnliche Beschwerden gehört. Die Menschen waren unzufrieden. Da war das Benzinproblem, das jeden beschäftigte, die Lebenshaltungskosten waren gemessen an den Einkommen hoch, es gab eine nicht unerhebliche Arbeitslosigkeit und allerlei staatliche Repressionen, die sich dem außenstehenden Betrachter nicht ohne weiteres offenbarten. Als Beispiel sei hier das Satelliten Fernsehverbot genannt. Zum Teetrinken gingen wir in die Küche, und es gab auch frisches Obst. Zeynab war wie immer am handarbeiten, heute strickte sie eine Wollmütze, und ich bewunderte immer wieder ihre Geschicklichkeit. Ihre Produkte verkaufte sie, ein kleiner Beitrag zum nicht eben großen Einkommen der beiden. Obwohl Chadidsche mit der Regierung so unzufrieden war, betonte sie mir gegenüber immer wieder "Iran chub, Alman chob nist". Sie wollte mich mit diesen Worten auffordern, doch in den Iran zu kommen, nach Mahabad. Ich könnte jederzeit bei den beiden einziehen. Doch wie sollte ich dort meinen Lebensunterhalt verdienen? Ich habe auf diese Frage bisher keine Antwort gefunden, und ohne eigenes Einkommen konnte ich leider auch nicht bei Chadidsche und Zeynab leben. Trotzdem empfand ich das Angebot als ganz besondere Ehre. Später am Nachmittag wurde ich von Kujestan wieder abgeholt. Wir wollten noch mit Shirin zum Bazar fahren. Zum vorletzten Mal erklang die Aufforderung "shalvar, Manteau". Wie sehr hatte ich mich daran und an die Kleiderordnung schon gewöhnt. Obwohl es ziemlich warm war, machte es mir nichts mehr aus, mich in Mantel und Kopftuch zu hüllen, um nach draußen zu gehen. Zu Hause beim Betrachten der Foto´s sollte ich so manches Mal gefragt werden, ob es im Iran kalt war. Doch es war nicht kalt, ganz im Gegenteil, es herrschte der schönste Hochsommer, den man sich vorstellen konnte. Heute fuhren wir nicht ins Zentrum der Stadt, sondern in ein weiter entferntes Viertel. Dort befand sich hinter einem unscheinbaren Eingang ein hübsches Einkaufszentrum. Kein Supermarkt, sondern eine Ansammlung kleiner Läden unter einem Dach. Zum letzten Mal wetteiferten wir darum, wer wem noch etwas schenken konnte. Shirin fand Dessertteller schön, und ich schaffte es mittels direkter Verhandlung mit dem Verkäufer, sie ihr zu kaufen. Meinerseits vermied ich es schon sehr, irgendetwas schön zu finden, denn ich wollte es vermeiden, dass mir beständig etwas gekauft wurde. Doch die Auslage eines Geschäftes interessierte mich dann doch. Dort waren Badeanzüge ausgestellt. Ich wollte eigentlich nur wissen, wo man in Mahabad einen Badeanzug tragen konnte, doch ich wurde missverstanden und sogleich in das Geschäft hineingezogen. Geschäftig wurden mir mehrere Modelle gezeigt, und ich kam nicht umhin, mir einen Badeanzug auszusuchen. Mein Einwand, dass ich in Deutschland durchaus einen solchen besäße, wurde nicht gehört. Ich fand den Vorfall einerseits amüsant, ein Badeanzug aus Kurdistan, aber auch ein wenig peinlich. Würde ich doch nur über bessere Sprachkenntnisse verfügen, ich hätte mich des Angebots vielleicht besser erwehren können. Zum Abschluss unseres Besuchs in dem kleinen Zentrum besuchten wir noch die kleine Cafeteria. Auch dort wurde Bananenmilch "milk Banana" angeboten, dieses in Mahabad zurzeit so angesagte Getränk. Es war auch sehr schmackhaft. Ich machte noch ein paar Fotos, dann nahmen wir ein Taxi nach Hause zurück. Es folgte der letzte Abend, den ich auf der Terrasse im Hof des Hauses mit "meiner" Familie verbringen sollte. Zum Abend gab es Lammfleisch von einem frisch geschlachteten Lamm aus Gagasch in einer leckeren Tomatensauce. Dazu wurde Fladenbrot serviert. Wir saßen noch lange beisammen und ich mochte gar nicht zu Bett gehen, denn morgen Nacht würde mein Flug über Istanbul zurück nach Deutschland gehen, und der Abschied würde mir wieder schwer fallen. Doch irgendwann war das letzte Glas Tee getrunken, ich wusch noch einmal die Gläser ab, half beim Bettenmachen, dann begaben wir uns zur Ruhe.

ABSCHIED

Der Tag meines Abschieds stand bevor. So wie meist stand ich gegen 8 Uhr auf. Es folgte das letzte Frühstück in der Küche, und mein Herz wurde schwer. Auch Shirin war schon ganz bedrückt, weil ich an diesem Tag abreisen würde. Nach dem Frühstück gab es wieder eine Diskussion, wie wir nach Tabriz fahren sollten. Es waren immerhin ungefähr 250 km. Salim schlug vor, bereits um 15 Uhr mit dem Bus zu fahren.Ich fand es etwas früh, denn mein Flug ging erst um 4 Uhr morgens, ich erklärte mich jedoch einverstanden. Gerne hätte ich meine letzten Stunden hier noch etwas mehr ausgekostet. Ich packte also nach dem Frühstück schon mal meine Sachen, Koffer, Reisetasche, Handgepäck, und der Reiskochtopf für Safia musste auch mit. Shirin kam noch mit Tee und einem Sack Reis, Kauzar brachte Pistazien. Alles wurde irgendwie verstaut, und ich konnte schließlich mit dem Umfang meines Reisegepäcks ganz zufrieden sein, bei meinem ersten Besuch musste ich noch eine zweite Reisetasche mitnehmen, da wog alles zusammen etwa 40kg. Diesmal würde ich mit ca. 30kg Gepäck zurückkommen. Shirin fing dann mit den Vorbereitungen zum Mittagessen an, es sollte zum Abschied "kale patsche" geben, was übersetzt "Kopf und Füße" bedeutet. Es war ein Gericht aus Teilen von dem Lamm aus Gagasch. Shirin fragte, ob ich lieber Makkaroni essen wollte, aber ich kannte das Gericht aus den Niederlanden, hatte es dort schmackhaft gefunden und lehnte es daher ab, dass extra etwas für mich gekocht würde.

Etwas später sagte Salim, man wollte erst gegen 19 Uhr nach Tabriz aufbrechen, und zwar mit dem Auto. Mir war das auch recht, so blieb noch etwas mehr Zeit, um Abschied zu nehmen. Ich lernte dann noch Kauzar´s Schwiegermutter kennen, eine ruhige, aber nette Frau. Wir sassen teetrinkend zusammen, bis es dann das Mittagessen gab. Es wurde im Wohnzimmer serviert, und ich fand es auch sehr lecker. Trotzdem wurde ich noch mehrfach gefragt, ob ich lieber etwas anderes essen wollte. Und das nur, weil ich generell nicht so viel aß und deshalb auch bei dieser Mahlzeit zurückhaltend war. Es war mein letztes Essen in Mahabad im Kreis der Familie, morgen um diese Zeit würde ich schon wieder in Deutschland sein. Nach dem Mittagessen ging ich mit Shirin in die Nachbarschaft, wo zahlreiche Frauen versammelt waren, u.a. auch Karim´s Cousinen. Ich kannte alle von der Verlobungsfeier. Auch Chadidsche und Zeynab waren hier. Sie saßen schwatzend im geräumigen Wohnraum des Hauses zusammen, und zum Tee gab es erst Torte, dann wurde Obst gereicht, und mein Teller wurde vollgepackt. Zwar liebe ich Obst, aber ich konnte bei bestem Willen nicht alles essen. Shirin brach als erste auf, aber bedeutete mir, ich könne noch dableiben. Einige der Frauen rauchten auch, wo sie so unter sich waren, und ich schloss mich dem gerne an. Da bemerkte ich, dass meine Zigaretten nicht bis nach Deutschland reichen würden. Als Kujestan erschien, um mich abzuholen, bat ich sie deshalb darum, mit mir noch Zigaretten kaufen zu gehen. Vorher verabschiedete ich mich natürlich von allen. Ich mochte diese starken Frauen, auch wenn ich nicht so viel mit ihnen hatte sprechen können, und ich bedauerte es, sie nun verlassen zu müssen. Mit Kujestan lief ich dann die Straße entlang wegen der Zigaretten. Es war mir peinlich, denn ich war am helllichten Tag ohne "Manteau" unterwegs. In einem kleinen Laden gab es das Gewünschte, und ich suchte zwei Schachteln "Winston light" aus, ohne die Marke wirklich zu kennen. Kaum dass ich mit Kujestan zuhause war, gab Salim plötzlich, schon um halb fünf Uhr, das Zeichen zum Aufbruch. Es stand auch schon ein Auto mit Fahrer vor der Tür. Kujestan war nicht sicher, ob sie mitkommen sollte, doch ich bat sie mich zu begleiten. Sie war mir ans Herz gewachsen. Sie hatte mir gegenüber die gleiche Rolle eingenommen wie Kauzar vor sechs Jahren, doch Kauzar war ja inzwischen eine verheiratete Frau. Ich musste mich nun beeilen. Schnell zog ich mich um. Dann holte ich mein Gepäck. Es wurde alles verladen. Danach musste ich Abschied nehmen. Schnell trommelte ich alle Anwesenden nochmal zusammen, um ein letztes Foto zu machen. Shirin´s und Kauzar´s Augen waren feucht, als wir uns nochmal in die Arme fielen und ich mich für die Gastfreundschaft bedankte. Im nächsten Sommer sollte ich wieder kommen, und dann für mindestens vier Wochen! Ob sich das realisieren ließe, wusste ich nicht, aber ich sagte zu. Wir fuhren dann bis zu der Mietwagenzentrale und stiegen um in ein anderes Fahrzeug. Dann ging es endgültig hinaus aus der Stadt Richtung Tabriz. Unterwegs kam ein Anruf, den Kujestan entgegennahm. Der Reiskochtopf für Safia war stehengeblieben. Ich hatte ihn in der ganzen Hektik des Aufbruchs einfach vergessen. Das war mir sehr peinlich, aber es war zu spät, um nun nochmal zurückzufahren. Salim meinte, er würde ihn Zarah mitgeben oder mit der Post schicken. Mir war es wirklich unangenehm. Mit wie viel Sorgfalt war dieser Topf ausgesucht worden! Und nun das. Ich war unzufrieden mit mir selbst. Aber es hatte auch alles so schnell gehen müssen. Die Fahrt zum Flughafen verlief reibungslos. Es wurde bereits dunkel, als wir dort ankamen. Wir stiegen aus, und nahmen das Gepäck aus dem Kofferraum. Dieser Flughafen kam mir sonderbar vor Wir standen vor der Aufschrift "Departure",doch der Warteraum war ganz woanders. Deshalb schleppten wir das gesamte Gepäck über einen riesigen Parkplatz zu dieser hell erleuchteten Halle. Ich dachte, wir würden dort Platz nehmen, doch Salim hatte anderes vor. Er gab das Gepäck an einem kleinen Stand in Aufbewahrung, dann verließen wir das Gebäude wieder und suchten ein Taxi. Mit dem Taxi fuhren wir eine ganze Weile, denn Tabriz ist eine große Stadt. "Hast Du Hunger?," fragte mich Kujestan. Ein bisschen, gab ich zur Antwort. Salim hatte offenbar großen Hunger, denn wir hielten schließlich vor einem Restaurant, das Salim offenbar kannte. Der Fahrer des Taxis wurde angewiesen, auf uns zu warten. Das Restaurant war im typisch iranischen Stil gehalten. Salim bestellte für uns Salat, Kebab und Reis. Das Essen war nicht schlecht, aber der Reis war mit dem von Shirin nicht zu vergleichen. Auch bei meinem ersten Besuch waren wir im Restaurant gewesen, damals in Urumiye, und ich hatte auch da festgestellt, dass die Küche der Restaurants hinter dem selbstgekochten Essen, das ich überall in hervorragender Qualität bekommen hatte, zurückblieb. Nach dem Essen mussten wir schnell aufbrechen, denn draußen wartete ja das Taxi. Zurück am Flughafen gingen wir wieder in die große Wartehalle, holten das Gepäck ab und nahmen in einer Stuhlreihe Platz. Wir würden noch bis etwa 3 Uhr warten müssen. Auch hier gab es Stände, an denen man kleine Snacks kaufen konnte, aber Salim hatte mir wohl noch ein richtiges warmes Essen bieten wollen. Ich wäre auch mit einer Kleinigkeit zufrieden gewesen, und leider war der Besuch des Restaurants etwas hektisch gewesen. Nun saßen wir hier und warteten. Ich fing schon mal an, mich bei Salim gebührend für die großzügige Gastfreundschaft und Herzlichkeit, die mir zuteil geworden war, zu bedanken. Salim war wirklich ein herzensguter Mensch mit einer sehr sympathischen Art, und ich zollte ihm großen Respekt. Er seinerseits wies nochmal auf die Schwierigkeiten im Iran hin, die auch seiner Meinung nach auf die Regierung Ahmadinedschad zurückzuführen waren. “Iran finished“ sagte er auf Englisch. Er kannte ein paar Worte dieser Sprache, und hatte mich jeden Morgen mit einem freundlichen “good morning“ begrüßt. Im Verlauf des langen Abends wurde die Halle merklich leerer, es wurde ruhiger. Auch der Parkplatz leerte sich. Salim war irgendwann müde und legte sich in einer Sitzreihe zum Schlafen nieder. Kujestan und ich blieben wach. Wir pendelten immer mal wieder nach draußen, wo ich rauchen konnte. An diesem Abend wehte ein spürbar kühler Wind über Tabriz, und Kujestan fand es kalt. Sie kaufte für uns noch zwei Dosen eines Getränkes, und ich wusste erst nicht, was es war. “cheyli chosh maze“ sagte Kujestan. Es war Pfirsichsaft, wirklich sehr lecker. Wir tranken ihn, während wir draußen auf und ab gingen. Als wir ein startendes Flugzeug in den dunklen Nachthimmel aufsteigen sahen, betonte Kujestan nochmal, wie gerne sie mitkäme, um im Westen zu leben. Wenn ich es vermocht hätte, hätte ich ihr diesen Wunsch erfüllt, aber leider war es unmöglich, und ich war ja auch nicht sicher, wie dieses Abenteuer für sie ausgehen würde. Sehr erstaunt war sie, als ich ihr erzählte, dass man im Flugzeug nicht rauchen durfte und nach meiner Rückkehr in Deutschland auch in Restaurants das Rauchen verboten sein würde. “tschera?“ warum, fragte sie. Leider konnte ich ihr in ihrer Sprache die Gründe nicht erklären. Von Nichtraucherschutz hatte im Iran sicher noch keiner etwas gehört. Auch Kujestan war irgendwann sehr müde, und ich bot den beiden an, schon zurückzufahren. Sie hatten ja noch einen weiten Heimweg vor sich. Doch Salim bestand darauf zu bleiben. Endlich erklang die Durchsage für den Flug nach Istanbul aus dem Lautsprecher. Wir verließen die Wartehalle und überquerten mit dem Gepäck den Parkplatz. Salim hatte inzwischen einen Gepäckwagen organisiert, so war das Ganze einfacher. Vor der Abflughalle kam dann der Abschied. Ein letztes Dankeschön und Auf

Wiedersehen, dann schob mich Salim durch die Absperrung. Wieder musste ich noch draußen an einem Kontrollposten vorbei. Sicherheitskontrolle, Check-in und Passkontrolle verliefen problemlos. Nun hieß es auf den Abflug warten. Nachdenklich saß ich im Warteraum. Zwei wunderschöne Wochen waren vorüber und ich war gegenüber "meiner" Familie von großer Dankbarkeit erfüllt. Sie hatte sich wieder als herzlich und großherzig erwiesen. Und gerne würde ich ihr Leben teilen. Aber würde das mir auf Dauer gelingen? Nach meinem ersten Besuch in Mahabad war es mein sehnlichster Wunsch gewesen, für immer dort zu leben. Ich hatte sogar angefangen, "farsi" zu lernen. Aber jetzt hatte ich doch Zweifel, ob ich anpassungsfähig genug wäre, um mich ganz dort zu integrieren. Aber es fehlten mir sowieso die finanziellen Möglichkeiten. Sonst hätte ich es gerne zumindest probiert. Kurz vor 4 Uhr konnte ich endlich die Maschine nach Istanbul besteigen, und ich beschloss mich zu entspannen. Richtig schlafen konnte ich jedoch nicht, zu viele schöne Eindrücke waren in meinem Kopf. In Istanbul musste ich meine Bordkarte für den Anschlussflug erkämpfen und so blieb nur kurze Zeit für eine Pause. Gegen 11h war ich in Hannover am Flughafen, wo mich mein Freund abholte. Wir waren froh, uns nach den zwei Wochen wieder wohlbehalten in die Arme zu schließen. Diese Wiedersehensfreude minderte meine Depression, nun wieder im kühlen Deutschland zu sein. Das Wetter war hier nicht schön gewesen und ich hatte traumhafte Sommerferien verbracht in meinem geliebten Kurdistan mit Menschen, die mir sehr nahestanden und die ich immer in Erinnerung behalten würde. Ob es im nächsten Sommer, wie vorgeschlagen, wieder mit einem Besuch klappen würde, wusste ich zwar nicht, aber ich möchte meine Familie gerne wiedersehen.

DANKSSAGUNG

Besonders danke ich meinen Freunden Safia und Karim, die mich mehrfach zum Schreiben eines Buches ermuntert haben,und ohne deren Zuspruch ich nicht den Mut gefunden hätte, diese Zeilen zu Papier zu bringen. Ohne das Zutun der beiden wären mir diese Reisen nicht ermöglicht worden, die mir Fremde zu meinen besten Freunden haben werden lassen. Ich habe Einblicke in eine Lebenswelt erhalten, die mein Leben und meine Sichtweise der Dinge nachhaltig beeinflusst haben. Sehr hoffe ich, den geneigten Leser mit diesem Buch an meinen Eindrücken teilhaben zu lassen. Möge er mit mir eintauchen in die Wirklichkeit einer großartigen Kultur.